危機を突破する力

これからの日本人のための知恵

丹羽宇一郎

角川新書

はじめに――私たちは危機の時代を生きている

　私はこれまでの人生でいくつかの大きな危機に直面してきた。そのたびに私は人生を左右するような重大な決断を迫られた。

　まだ新米だった伊藤忠《いとうちゅう》商事のアメリカ駐在時代、穀物相場で失敗し、会社の年間純利益が吹き飛ぶほどの莫大《ばくだい》な含み損を出した。私はこのままでは「首になるのではないか」と追い詰められた気持ちになった。

　副社長時代、会社始まって以来の巨額投資でファミリーマート株の取得に踏み切った。当時、会社はバブル崩壊後の膨大な不良資産を処理する過程にあり、周りから「会社をつぶす気か」という逆風に遭った。

　社長時代の最大の決断は、二十世紀最後の年、溜《た》まりに溜まった不良資産を洗い出して一挙に処理したときだった。グループ会社の半分を整理した。倒産ではなく特別損失としては産業界始まって以来、最大規模となる三千九百五十億円を計上した。

　大ナタを振るって株価が大暴落したら、グループ何万人という社員とその家族を路頭に迷わせることになる。その張本人たる私は家族どころか末代まで指弾されるだろう。決断を下す前の一週間は、さすがにストレスを食べているような生活だった。

そして初の民間出身の中国大使《ちゅうごく》として北京《ペキン》に赴任したときには、尖閣《せんかく》諸島問題の渦中に巻き込まれ、日中間で一触即発の緊張関係に身を置くことになった。「国益とは何か」について、これほど真剣に考えた日々はなかった。

私がこれまで遭遇した困難を突破するとき、つねに志したのは私心を捨てるということだった。社員のため、会社のため、国のために覚悟を決める。人生にはそういう瞬間が幾たびか訪れる。

覚悟を決めるには信念と勇気と決断力を要する。それらはそれまでの人生において直面した仕事上の課題や困難、家族・仲間との交流を通して培われるものだろうが、私の場合はとくに読書から多くの力を得てきた。

本屋の息子として生まれた私にとって、本は生まれたときから身近にあるものだった。幼少のころより今日まで多種多様な書に接し、古今東西の偉人・賢人と絶えず時間・空間を超えて対話してきた。

読書という体験は、深く豊かに生きるよう私の心を耕し、人生の危機を突破する力を与えてくれた。人間とは何か、人を育て組織を動かすには何が必要か、社会を正しく捉《とら》え、時代を占うにはどうすればいいか、それぞれの知恵をもらった。

本書には、私がこれまでどんな本に出会い、そこから何を汲《く》み取り、折々の局面でどのように生かしてきたかを記している。

しかし、本書はいわゆるブックガイドではない。この本を読めば決断力が養えるとか、この教えを実践すればうまく経営できるとか、そんなマニュアルはこの世に存在しない。その手のものを期待されるなら、一刻も早く本書を閉じていただいたほうがよい。

それから私が無類の本好きであることは確かだが、私はいわゆる書斎派ではなく、むしろ徹底した現場主義者である。

アメリカ駐在時代、穀物担当だった私は収穫期に中西部の「ブレッドバスケット」と呼称され、「バイブルステイト」とも呼ばれる農村地帯を車で一週間かけて見て回った。中国大使時代は中国全土を視察して、国境近くの僻地《へきち》までおもむいた。自分で現場を歩き、現実を五感で知るという絶えざる知的好奇心もまた読書によって磨かれた。

知的好奇心といっても、私が本から得た果実は知識や情報ではない。知識や情報はうまく利用すれば役立つが、使い方を誤れば害毒になることもある。

私が本から与えられたのは、言ってみれば「心の栄養」である。

心の栄養とは、自らの心に忠実に生きる勇気であり、憎しみや嫉妬《しっと》をコントロールする理性であり、決して驕《おご》りたかぶって言うわけでなく弱い者への思いやりである。

そうしたしなやかで猛《たけ》き心こそが危機を乗り越えるときの真の糧になる。

いまの日本を見回せば、政治、経済、社会、教育、あらゆる領域で既成の制度が大きなきしみを上げている。そして私たちの生活が根底から損なわれ、日本人の精神が劣化しつつある。

いや、その前に地球そのものが危機に瀕《ひん》している。人口爆発による食糧危機、水やエネルギー資源の枯渇、自然災害の急増……。

私たちは危機の時代を生きている。その危機が私たちの生活にひたひたと押し寄せていることを私たち自身も肌で感じ始めている。危機と不安の正体をまず見定めるためにも、本書にはその事実の一端を私なりに記してみた。

私たちにさほど時間は残されていない。本書であなたに出会ったのも何かの縁だろう。この時代を乗り越えるため、私たちはどのように生きればいいかをともに考えよう。

目次

第一章　人間を知る——愚かゆえ正直に生きよ

■ウソをつけば人生が暗くなる

私は伊藤忠商事に入社して、一度だけ上司にウソをついたことがある。人間について考えるこの章を、その話から始めよう。

入社して数年が経ち、アメリカ赴任が決まっていた時期だった。油脂部に配属された私は大豆取引の担当だった。当時の伊藤忠は米国から大量の大豆を輸入していた。

あるとき、上司から「船会社への請求はすべて終わっているな」と念を押された。

大豆は船で輸入する。荷卸しのために船は一定期間、港に停泊する。荷卸しの速い遅いによって、船会社からボーナスを受け取ったり、逆にペナルティーを支払ったりする。船会社への請求額や支払額をドルに換算して請求書にして出すのも私の仕事だった。

しかし、これが実に煩瑣《はんさ》な仕事で、「面倒くさいな。こんなものは暇になったらやろう」と思って何カ月も手つかずのまま放置していた。

船会社への請求などしていないのに、そのときは上司に怒られるのがいやで、つい「はい、終わっています」と答えてしまった。私はウソをついたのだ。答えた手前、アメリカに行く前に大急ぎで片づけなければならない。徹夜で必死に計算した。

そうこうするうちに、その船会社が倒産するという噂が耳に入ってきた。もし倒産したら請求額を取り損ねて会社に損害を与えることになる。

本当のことを上司に告げれば、「おまえ、何やってるんだ、バカ！」で済んだことかもしれない。しかし私は当時、入社して数年の社員。失敗を恐れた。

請求した金額がいつ振り込まれるか気が気ではなく、お酒を飲んでもちっともおいしくない。寝ても覚めても「あれはどうしたかな」「誰か知っているんじゃないか」と心におもりを残したまま過ごし、心休まる時がなかった。

結局、船会社は別の会社に吸収合併され、請求金額は全額振り込まれた。私のウソは結果的にバレなかった。

しかし、それ以来、私はもう絶対にウソをつかないと心に誓った。ウソをつけば、たとえそれがバレなくても、後ろめたい日々を過ごすことになる。「請求書を出し忘れました」と思い切って言ってしまえば、たとえ怒られても仕方がないと割り切ることができただろう。少なくとも日々が暗くなることはなかった。

ウソをつかないと誓って以来、私は明るく仕事を続けることができた。厳しい決断を迫られる局面であっても、そこに自他を欺いている後ろめたさはなかった。

失敗は誰にでもある。ましてや若い社員なら失敗はつきものだ。むしろ失敗を通して人は成長する。そして上司は責任を取るためにいる。

だから私は上に立つ立場になったとき、いつも部下に言っていた。

「隠していることはすべて言え。それは君たちの所為《せい》だけではない。みんなで助けるから言えばいい。わずかなウソでも隠せば人生暗くなる。せっかくの酒もまずくなるぞ」

私は部下がどんな大損を出しても心底怒ることはなかった。そのぶん儲《もう》ければいいだけのことだ。しかし人を裏切れば、その仕返しは必ず自分に返ってくる。時にそれは会社全体の問題となる。

もともと人間は大したことのない生き物なのだ。自分を飾って実力以上に見せかけても、どこかで必ずほころびが出る。つねに等身大の自分で勝負して、その等身大を磨いて大きくしていくしかない。

しかし、私はなぜあのときウソをついたのか。私だけではない。私は人間がウソをつくところ、本当のことを隠すところ、人よりも自分の利益を優先させるところを折々に見てきた。

■ペンよりパンのほうが強い

人間とはいったい何者なのか。この問いは私のすべての原点になっている。幼いころから読書に没頭してきたのも、考えてみると、人間とはいかなるものかを探究するためだったのではないか、という気がする。

歴史書をひもといては、人間が繰り返してきた愚行に目を見張り、政治・経済の書物を読みながら人間の本性に思いをめぐらせている。私のあらゆる関心が「人間とはいかなるものか」という問いに帰着する。

その問いに一つの答えを与えてくれたのは、フランスの思想家ミシェル・ド・モンテーニュ（一五三三～一五九二年）の主著『エセー』だった。

モンテーニュはプラトン、アリストテレス、プルタルコス、セネカなどギリシャ・ローマ時代の古典文献を縦横に参照しつつ人間に対する洞察を試みた。そして執拗《しつよう》に人間の知性と理性を疑った。

人間は地球上の最も優れた生き物というが、本当にそうか。動物の中には人間の有する感覚以上に鋭い五感を持つものも多い。動物の世界における知性を有し、あるいは愛情という感情も持っているかもしれない。

知識や理性を有しているがゆえに動物の頂点に位置するという考えは人間の傲慢《ごうまん》であることをモンテーニュは喝破していく。

人間とは実に愚かな動物だ。人間の知性や理性などはたかが知れている。知識や学問では何もわからない。むしろそれらは人間の幸せには有害でさえある。人間にとっては知性や理性よりも、自己保存という動物の本性のほうがはるかに強い。

そうモンテーニュは言う。私の言葉で言うと、「ペンよりパンのほうが強い」ということだ。

私に言わせれば、『エセー』は「人間がいかに愚かな動物か」という事例を延々と書き連ねた随想録である。その懐疑論は私が日ごろ感じていたことと重なって、私はなるほど、なるほどと膝《ひざ》を打ちながら読みふけった。

■ニヒリズムを超える

『エセー』が刊行されたのは一五八〇年。ヨーロッパでは暗黒の中世を過ぎ、宗教戦争の嵐が吹き荒れた時代である。あるいは文明が花開いたルネサンス期。日本でいえば織田信《おだのぶ》長《なが》や豊臣秀吉《とよとみひでよし》の活躍した安土桃山《あづちももやま》時代に当たる。

この本を読むと、十六世紀の人間も現代に生きる人間も大して変わりがないことがよくわかる。アリストテレスにしてもプラトン、カントにしても、人間としての力は現代人に劣るかといえば決してそんなことはない。

聖書をひもとけば、古代イスラエルでモーセが、虐げられていたユダヤ人を率いてエジプトを脱出したのが紀元前十三世紀。歴史的事実は別としてもそれが現在にまで至る中東の争いの淵源《えんげん》の一つと言われるものかもしれない。三千数百年も前から人間がやっていることは何も変わっていない。

つまり歴史を見る限り、人間はほとんど進歩していない。いやむしろ退化しているのではないかとさえ思う。

もちろん、情報と知識は急速に増え、技術は驚くべきスピードで進んでいる。ロボットや人工知能はどんどん進化して、やがては人間を超えるかもしれない。

では人間は人間を超えることができるか、神のように理性のもとで完全に自らを統御できるかといえば、それはおそらく無理なのだ。

なぜなら人間は生き、そして死ぬからである。

人はこの世に白紙の状態で生まれ、人間的な成熟と完成を目指して努力する。生まれて百年経ったころ、悟りを得て神に近づくことができたと思った途端、命の炎が尽きる。どんな立派な親から生まれた子どもにしても、やはり白紙から始めなければならない。

もし人間が不死の身体を手にすれば、あるいは人を超えることはできるかもしれないが、いくら科学が進歩しても、人類が永遠の命を得ることはないだろう。それは人間が生物であることの限界である。

だから今から数百年経とうが、数千年経とうが、おそらく人間は変わらない。歴史は繰り返すというけれど、残念ながら人間は愚かな過ちを繰り返すことになる。

しかしモンテーニュのように、あらゆる価値を疑って、「人間は愚かな動物だ」という事実だけにとどまれば、それは不信と絶望と刹那《せつな》的享楽に浸るニヒリズムに陥る危険性がある。

人間は確かに愚かな生き物である。しかし、愚かであるという事実から逃げずに真正面から見据えることは、あるいは愚かではないかもしれない。

人間の進歩は限られている。限られているなかで、いかにして崇高な存在に近づけるか。すなわち人間が本来持っている強欲や憎しみ、嫉妬《しっと》といった負の側面を抑えて神の持つ理性（ロゴス）を発動し、この世の矛盾を解決していけるか。

人間の知はここまで行けばゴールという到達点はない。ある地点に到達すれば、さらにもう一歩上に知の世界は広がっていく。しかし人間は人間の知を永遠に乗り越えることはできない。知性と理性の限界をただ指摘するのは容易だが、だからといって、それらを否定したり放棄したりする必要はない。

知の欠陥と限界があることを十全に理解したうえで、それを求めていく。普遍的なベストの選択はなくても、その時点その時点でベストの選択をしていく。人間の愚かさを自覚したうえで懐疑論に終始せず、少しでも今の自分を超える自分になるために努力する。

私たちが生きる意味、愚かなる人間の栄光はそこにある。

■人間の虚栄心を見抜いたアダム・スミス

人間の愚かさとそれゆえの栄光を「虚栄心」という言葉で言い当てたのが、イギリスの経済学者・哲学者アダム・スミス（一七二三〜一七九〇年）だった。

グラスゴー大学で道徳哲学を教えていたアダム・スミスは、生涯において二冊の著作を刊行した。「見えざる手」という言葉で世に知られ、人間が繁栄する原理を考察した『国富論』（あるいは『諸国民の富の性質と原因の研究』）が有名だが、それより先に出版された『道徳感情論』のほうが、彼の思想や倫理観が表れていて私には興味深かった。

アダム・スミスといえば「経済学の祖」として市場経済の主導者をイメージするかもしれないが、著作の内容はきわめて具体的である。地主と小作の生活や関係が詳細に描かれて、十八世紀後半の人間がどんな生活をしていたかがよくわかる。

たとえば、地主はより贅沢《ぜいたく》な生活を求めて貧しい小作人を雇って広大な土地を耕作する。収穫物を売って贅沢品を買うが、食事などの生活必需品の消費には限界があるため小作人たちにも平等に分配する。この地主の利己心が「見えざる手」に導かれて生活必需品の増産に寄与する——。

そんなふうに私は『道徳感情論』を人間がどう生きるかをストーリー仕立てで描いた小説のように読んだ。

『道徳感情論』の中で考察されるのが人間の虚栄心だ。虚栄心とは周りにいる、より多くの人間に自分を実際よりも格好よく見せたいという心情である。

たとえば無人島で一人住んでいるのなら、人は住居と食料さえあれば事足りる。食べ物を手で食べても髪がボサボサでも穴のあいた衣服でも気にせず生きていける。褒めてくれる人もいなければ、けなす人もいないのだから。

ところが、そこにひとたび他人の目が介在すると、人は突然きれいな服で着飾ろうとし、立派な家に住もうとする。他人から褒められ、うらやましがられる行為に走る。そうして世間から注目され、評価されるためにお金を稼ごうとする。

これはそのまま私たち現代人の姿であり、ここでもまた人間はたかだか二百数十年では何も変わらないことがよくわかる。

しかし、アダム・スミスは「虚栄心」を悪い意味ばかりで使っているわけではない。女性なら人から美しいと言われたいし、男性なら強いと思われたいだろう。誰でも周りから立派な人間とみなされて尊敬されたいはずだ。

人間は虚栄心があるからこそ理想の自分に現実の自分を近づけるよう懸命に努力する。虚栄心ゆえに野心と競争心が生まれる。それがリアルに損得を勘定して経済活動を促すエネルギーになる。

そう考えると、資本主義社会の進展には虚栄心が必須の条件であることがわかる。

それを具体的に知りたいのなら、たとえば現在の中国を見ればいい。今の中国は野心と競争心が横溢《おういつ》し、それが中国の経済成長の原動力になっている。

それを裏付ける格好のデータは、財団法人「日本青少年研究所」が二〇一三年に発表した日米韓中・四カ国の高校生を対象にしたアンケートの結果である。「あなたは偉くなりたいか」という質問に「強くそう思う」と答えた人が、日本九パーセント、韓国《かんこく》一九パーセント、アメリカ三〇パーセントに対して、中国は三七パーセントともっとも多かった。

虚栄心ゆえの野心は、うまく自らの力で飼い慣らせば自分を高める原動力となり、さらには人間的な成長につながる可能性を持つ。

ところが虚栄心の飼い慣らし方をいったん誤れば、本来は中身のない自分をよりよく見せようと人は周りを欺くことになる。本当は無知無教養なのに知ったかぶりをする。本当は小心者なのに大胆な言動で自らを大きく見せる。本当はいい加減なのに誠実なふりをする。これは言ってみれば、自身を欺いて人をだます一種の詐欺である。

中身がないのに名誉だけを欲しがる精神は卑しい。卑しさには知的な卑しさ、金銭的な卑しさがあるが、それは精神的な卑しさである。

人間は虚栄心なくしては生きていけない。しかし問題はそこに実態が伴っているかどうかであり、人に尊敬されたいのなら尊敬されるに値する人間になるべく自分を磨き、努力を続けなければいけない。

■詐欺はいつか必ずバレる

心卑しい人間にならないよう、私たちは自分の中の虚栄心を律していく必要がある。学校の優等生が困るのは、卒業して優等生は終わったにもかかわらず、会社でも優等生であろうと自他を欺くことだ。しかし、その「詐欺」はいずれ必ずバレる。

いつも百万円儲けている有能な社員が、あるとき五十万円しか儲からなかった。自分が保ってきた名誉に傷を付けたくない。虚栄心を満たすため、水増しした利益を上司に報告する。すると次もまたウソの利益を上げなければいけない。虚栄心がウソの連鎖を生む。

社長時代、不良債権の徹底的な洗い出しに当たった際、部長たちを集めて「もうこれ以上、赤字が出てきたらクビにするぞ」と宣言したことがある。

人間は弱い。部長たちも自分の出世や家族のことを考えて「これは今、出したらまずい」と考える。あと一カ月経ったら、自分は部長になれるかもしれない。「一カ月以内に赤字をすべて出せ」と言われて正直に出せば、部長になりそこなってしまう。「神様、お願いですから、この一カ月だけ赤字を出さないでください」と懇願する。

しかし、神様はいたずら好きで、そういうときに限って一カ月間にドカンと赤字が増える。仕方なく赤字を隠す。そうやって部長になっても、すぐに赤字を出すわけにはいかない。またごまかす。

やがて部下が見過ごせなくなる。部下が「部長、ちょっとこれ、おかしいんじゃないですか」と迫る。にっちもさっちもいかなくなって、うつ病になるか、自殺するか、あるいは発覚して左遷されるか。ろくなことはない。

赤字が出たときに、上司に「実はこういう理由でこうなりました。まことに申しわけありません」と言えば、「よし、わかった。おれが何とか頑張るよ」と応じて、彼は無事に過ごせたかもしれない。

これもまた、自分を実力以上に見せようとする虚栄心が起こす悲劇である。しかし人はわかっていてもまた、その過ちを繰り返す動物でもある。

■自己保身という「動物の血」

人間はどんなに口では立派なことを言っても、空腹になれば他人の食料を奪ってまでも胃袋を満たしたいし、寒くなれば我先に暖を取りたい。そこには自らを最優先に生かそうとする自己保身の本能があり、他者を犠牲にして顧みない残虐性が潜んでいる。

私はそれを「動物の血」と呼んできた。人間の本性は動物であり、動物に流れる血や本性は知識や知能ではコントロールできない。「動物の血」を抑えるのは「神の血」しかない。「神の血」とは、すなわち理性の力、論理的思考である。物事を俯瞰《ふかん》して見る能力、未来の展開を想像する能力、相手の立場を理解しようとする能力。これらはいずれも論理的思考に含まれる。「神の血」が働かなければ、「憎い＝殺す」という単純思考で物事を捉《とら》えてしまう。

人間は「神の血」を完全には持てない。なぜならヒトが誕生した数万年も前から脈々と息づく「動物の血」に対して、「神の血」のほうは、たかだかチグリス・ユーフラテス川のほとりに文明が発祥して以降の四、五千年である。年季の入り方が違う。

自分にとって都合の悪い存在を攻撃するのは、弱肉強食のジャングルの世界では当たり前のことだろう。しかし人間が他の動物と違うところがあるとすれば、「動物の血」を抑制し、「神の血」を生かせることである。自己を抑制して、ことの善悪を判断し、悪魔のささやきに立ち向かう勇気と決断力を養うことができる。

私たちが「神の血」を持とうとするとき、最大の敵は自己保身や私利私欲といった「動物の血」である。どんなに立派な人間も、いざとなれば「動物の血」が騒ぎ、ついにはそのほうが勝る。これは人間の弱さ、ある種の「業」と呼んでもいいだろう。

「動物の血」が成す自己保身は、自分の立場を何とか守ろうとすることだけを意味しない。家族、友人、部下、自分が大切にするものを守ろうというのも大きな意味で自己保身になる。

たとえば会社の仕事で上に立つ人間は、自分や部下を守ろうという気持ちから事実を大きくねじ曲げ、間違った方向に進むことが少なくない。そのため会社全体に迷惑をかけ、それを隠すためにまたウソを重ねる。ひとつのウソは別のウソを呼び、いつかは必ずバレて、結果的にその罰は何倍にもなって自分に跳ね返ってくる。

私はそうした「動物の血」に動かされる人々の姿を見て反面教師にしてきた。あるいは虚栄心にとらわれている言動を見て自らを戒めてきた。

■善小なれど、これを為さざることなかれ

私が入社三年目の新米社員のときの体験を紹介しよう。

ある日、隣の課にいる同期と酒を飲んでいると、仕事の相談を持ちかけられた。上司である課長が下請けから請求書が来ても支払わず、会社に隠れて粉飾をしようとしている。自分の立場を保つため部下である同期にも粉飾を強いている。そのため彼は非常に苦しんでいた。

昔から正義感だけは強かった私は、こうした不正を見逃すことができず、自分の上司のところに談判に行った。

「会社に隠して粉飾など許されない。それも新入り同然の社員にそれを強いるとは何事か」

しかし動きはいっこうに止まらなかった。私はもう一つ上の上司に掛け合った。

結局、問題は公になり、問題の課長は上司から叱責《しっせき》を受けることになった。その結果、私はその課長から恨まれることになったが、それは覚悟の上である。

事態はそれで終わらずに、告発の主である私を周囲が密告者でも見るように白眼視し、いわば「交際禁止令」の出された如き雰囲気で、一時的に村八分の状態に置かれることになった。

私は正義を犠牲にしても自分の立場を守ろうとする自己保身の醜さと愚かさを見せつけられて会社組織がいかなるものかを学んだ。

しかし私は正義が自分のほうにあることを知っていた。同期からも感謝され、それで十分だと思った。そしてそんな経験から、自分が人の上に立ったときは若い社員にけっして同じような思いをさせてはいけないと思った。

私が胸に刻んでいる言葉がある。

「善小なれど、これを為さざることなかれ。悪小なれどこれを為すことなかれ」

小さな善だからといって、やらずにいてはいけない。小さな悪だからといって、やろうとしてはいけない。三世紀、中国の史書『三国志』の中で、英傑劉備《りゅうび》が臨終前に息子に語った言葉である。

■賢者は自分をコントロールする

人間は放っておけば、そんなふうに愚かな失敗を繰り返す。それを防ぐためには理性の力で自分を抑制して生きる以外にはない。

インドの宗教家で政治指導者のマハトマ・ガンジー（一八六九〜一九四八年）の『ガンジー自叙伝』にはこう書いてある。

「人間が人間であるのは、自己の意思を抑制することにある」

「自分の子供への教育は、子供たちの怠けぐせを除き、自発的に学ばせることである。知力体力以上に道徳・精神教育に大いに労力を使った」

ガンジーの教育方針は、二千四百年前の哲人アリストテレス（紀元前三八四〜紀元前三二二年）の教育哲学に重なる。モンテーニュの『エセー』にも出てくる話だが、アリストテレスは後にマケドニア国王となるべき幼きアレクサンドロスの家庭教師を命じられる。彼は幾何学と論理学の大家でありながら、もっとも時間を費やして教えたのは、本に書かれた知識や学問では得られない「人間の心の鍛錬」だった。将来の国王として生きていくために、「勇気と果敢と剛毅《ごうき》と節制と何ものも恐れぬ自信に関する立派な教訓」（第一巻第二十六章）といった心の修養に意を注いだ。

ギリシャ時代を生きたアリストテレスも人間の本性、知識や理性の限界を知っていた。そして当時知られていた世界の九割を治める大帝国を築き上げたアレキサンダー大王の礎となったのは、武力でも知識でもなく「鍛え上げられた心」だった。

あるいは唐《とう》の二代目皇帝・太宗《たいそう》（李世民《りせいみん》）の言行についてまとめた『貞観政要《じょうがんせいよう》』にも、同様のことが述べられている。そこには賢者と愚者の違いが述べられている。

たとえば嗜好《しこう》、つまり好みのものは賢者にも愚者にもある。喜怒哀楽の情があることも両者には変わりがない。では両者の何が違うのか。

それは「節する」ということだと太宗は言う。賢者はみずからを節し、感情をコントロールできる。しかし愚者は感情のおもむくまま行動し、それを抑制できない。

両者の違いを決めるのは知識の有無や多寡ではない。知識がいくらあっても愚か者になることはある。知識が増えたところで教養を耕す力にはならない。大事なのは感情を自らコントロールできる心にこそある、ということだ。

■神様、仏様は見てござる

アメリカに赴任して数年経ったときだから、三十代も半ばのころだった。私は入社以来、最大の危機に陥った。穀物相場で数百万ドル（当時は一ドル約三百円）の含み損を出したのである。

相場は一生懸命に努力したからといって、その努力がすべて報われるとは限らない。ときには地道な努力が一瞬にして水泡に帰することもあれば、遊んでいて儲かることもある。しかし相場といえども天祐《てんゆう》頼みでは神は見捨てるだろう。人の見ていないところでこそ全力で努力する。天命に委ねるのはその上でのことだろう。

私が相場の勉強を重ねて経験も積み、自信がついてきたころのことだった。その年は干ばつが続いていたため、大豆価格が高騰すると確信して買い込んだところ、一転、降雨のために大豊作の予想が出て、相場はたちまち大暴落した。当時のレートで十二億円から十五億円、今でいえばざっと百億円規模の損失。当時の伊藤忠の税引き後利益に相当する。

会社をクビになるかもしれないとも思ったし、辞表を出そうとも考えた。「もう丹羽《にわ》は終わりだ」とささやかれ、潮が引くように私の周りから人が離れていった。自分の弱さ、世間の風の冷たさをいやというほど味わった。鉛を飲みこんだような毎日が続いた。

しかし、東京の食料部門の上司は「一切隠し事はするな。すべて報告しろ」と言ってくれた。それは私の大きな救いになった。彼は本社からの叱責の矢面に立ち、私は一切ウソをつかずに事実を会社に報告した。ウソをついて隠し通しても、絶対に事態が好転しないことはわかってもいた。

私は腹をくくって、とにかく全力を尽くそうと思い定めた。複数の私設の天気予報業者と契約し、アメリカ気象庁の客観的データと重ね合わせながら分析を重ねた。

その結果、予想通りに寒波が襲来し、大豆相場は一気に急騰した。含み損を解消したうえ大きな利益を計上した。半年ほどの間の出来事だった。

最初は神も仏もないのかと天を仰いだが、このときばかりは神の存在を感じないわけにはいかなかった。一時は辞職する心境に追い込まれたが、ウソをつかずに懸命に努力する姿を神様は見ていてくれたと思った。

約三年後にアメリカ駐在を終え、帰国して精密検査を受けると、相当大きな胃潰瘍《かいよう》の痕《あと》が見つかった。さらに心筋虚血とも診断された。心筋の毛細血管に血が行き渡らなくなり、ひどくなると心筋梗塞《こうそく》になる恐れがある病気だ。ストレスから暴飲暴食に走り、体はガタガタだったのだ。

社会は賢い。市場は神だ。これは私がこれまで生きてきた中で得た人生哲学である。

では神とは何だろう。釈迦《しゃか》でもキリストでもない。自分の周りの人間すべてではないだろうか。自分の周りの人間個々人でなく全体を神と思えば、いいことも悪いことも誰かが見ている。

社内や従業員など身内だけの話ではない。どんな逆境でも、人間は懸命に努力するとき、誰かがその姿を見ている。最後は必ず報われるという信念を私はそのときに得た。

あのとき、どん底の状況にありながらも意外と明るく過ごすことができたのは、自分がウソをつかなかったからだと思う。自分の心にやましいことをしたら、後ろ暗い心持ちで日々を過ごしていたことだろう。

私が子どものころから、祖母に言われた言葉がある。

「どこでもいつでも、神様、仏様は見てござる。まじめに一生懸命やりなさい」

当時は気にも留めなかった言葉だが、会社に入って折に触れて思い出した。怠け心から手を抜きそうになったとき、この言葉が浮かんで気持ちを引き締める。

あるいは逆境にあるとき、この言葉は心に響く。どんなに苦しくても、決してあきらめてはいけない。努力を怠ってはいけない。懸命に努力しているあなたを見ている人が必ずいる。上司、同僚、部下、取引先、友人、家族……。

だから苦しいときこそ「神が与えてくれたチャンス」と思ってがんばれ。祖母の言葉はいつのまにか私の心の糧となっていた。

■最善のときには最悪をイメージする

神様はつねに公平に見ている。そうした意識をつねに持つことは、組織における危機管理にもつながる。

伊藤忠の社長時代、私はプロジェクトが成功し、みんなが喜んでいるときは「これは長続きしないぞ」といつも逆のことを考えるようにしていた。

絶好調のときこそ、最悪の事態を想定しておかなければいけない。幹部が得意満面、虚栄心が満たされているときは、「今回はたまたま運がいいだけだ。実力は違うのではないか。もし実力が問われたときはどうするのか」と突きつける。

逆に事業がうまく行かず、みんなが沈み込んでいるときは、泰然として「何をしょげている。いずれ絶対いいことがある」と肩を叩《たた》いた。

経営者はいつも周りとは反対のことを考える。これは私がアメリカで穀物相場を担当したときの経験知でもある。相場の世界にはきわめてシンプルな原理がある。

「上がったものは必ず下がる。下がったものは必ず上がる」

永遠に上がり続けることも、永遠に下がり続けることもない。言い方を換えれば、上がるベクトルはすでに下がるベクトルを含んでいるし、下がるベクトルは上がるベクトルを含んでいる。

スミスの「見えざる手」ではないが、相場と同様、悪いときは長続きしたとしても、いいときが長続きしたためしはない。これが世の常だ。だから、調子がいいときこそトップは即刻「ちょっと待て。これは長続きしない。最悪のときにどうするか」と考えることだ。「言うは易く行うは難し」。偉ぶっているように思われるかもしれないが、あえて申し上げる。

たとえば私が原子力発電所を運営するとすれば、いつも最悪の事態を想定するだろう。

そのためには原発が最悪の場合どうなるかを知らなければならない。ここで技術的な慢心があると、最悪の事態はイメージできない。この種の人間が経営者としては最悪だ。

さらに技術的な知識だけではなく、緊急事態で現場の人間はどういう心理状態に陥り、どういう行動をとるかを同時につかんでいなければ決して適切な対応はできないだろう。

物事をよく知る人は、最善のときに最悪をイメージし、最悪のときに最善をイメージする。そして、そのイメージを持つためには想像力が必要になる。想像力を養うためにこそ読書が力となる。

■狂気にも似た確信

私が社長になったのは一九九八年四月だった。その直前の副社長時代、西友《せいゆう》グループからファミリーマート株を取得するかどうかの大きな決断を迫られた。

九八年三月期といえば、伊藤忠商事が不良資産の処理など抜本的なリストラに伴う千四百二十八億円の特別損失を計上し、実に二十年ぶりの大幅赤字に転落するという会社の危機に直面した時期だった。

一方でリストラを進めながら、他方で千三百五十億円という会社始まって以来の巨額投資でファミリーマート株を取得する選択には、ほうぼうから「おまえは会社をつぶす気か」という猛烈な反対に遭った。あるいは内外で「伊藤忠は無謀だ」「ちぐはぐな経営だ」という批判の声も大きかった。

当時の手帳を見ると、ファミリーマート株の取得は、わずか一週間から十日間ほどの短期間で決めている。

社会のテンポは伊藤忠のスケジュールに合わせて待ってはくれない。時間との勝負だ。であれば、人よりも速いスピードで結論を出し、決断しなければならない。人が一日十二時間働くのなら、我々は二十四時間働く。それほどの思いで、この案件を大車輪で検討した。

もちろん、それまで伊藤忠とファミリーマートの関係が深かったこともある。しかし、私にはこれから消費の時代、市場経済の時代が来るという確信があった。

日本におけるコンビニは、今後いっそう重要なデリバリーポイントになる。これからの商社が生き残るためには、原料の調達、製造から末端の消費、つまり川上から川下まで一貫した産業体制に参画できる機能的なシステムの構築が必要になる。総合商社でなければできない「縦の総合化」によって収益構造の改革を行い、商社の事業の大改革を成し遂げなければならない――。

経営者がいちばんきついのは、最重要の判断を迫られたときに相談する相手がいないことだ。いくら本や雑誌、新聞を読んで情報を仕入れても、いざというときには役立たない。決断するときにもっとも頼りになるのが「世間の常識」である。普通の生活をして、普通の人と接して、真実の声をできるだけ聞くようにする。

そしていったん決断すれば、周りから何を言われても、絶対的な自信を持ってやりきることだ。計画はいつも狙いどおりに進むわけではない。いや進まないことのほうが多い。だからこそ経営者には信念が必要になる。状況を客観的に分析し、誠実に仕事をすれば最後は神が助けてくれる。そうした「狂気にも似た確信」がなければ、いざというときに判断が揺らぐ。

当時、町田《まちだ》宗鳳《そうほう》著『〈狂い〉と信仰』を読んで、宗教的体験と経営の共通点を見いだした。経営者の絶対的確信は狂気と紙一重だ。常識人からは「狂っている」と思われるかもしれない。

経営者は狂うがごとき気迫と確信を持たなければならない。上司や先輩、銀行などの顔を立てて判断をぐらつかせていれば、私は改革を成し遂げることはできなかっただろう。

■守りと攻めを同時にやる

私の選択について、当時、伊藤忠の特別顧問をしていた瀬島龍三《せじまりゅうぞう》さんから呼びつけられたことがある。

瀬島さんは太平洋戦争時の陸軍大本営の作戦参謀だった元軍人である。十一年間のシベリア抑留を経て伊藤忠に入社し、伊藤忠を総合商社に発展させ、近代組織に必要な管理体制が着々と整備された。

中曽根《なかそね》内閣のブレーンとしても活躍した「偉い人」のところには、怖くて誰も説明に行けなかった。当時、副社長だった私が単身、瀬島さんの部屋に行くことになった。

「守りと攻めを一緒にやるのか」

瀬島さんは元軍人らしく、そんなふうに私に迫った。

確かに軍隊は守りながら攻めることはできない。片や鉄砲を持って撃ちながら他方で守ることはできない。しかし大先輩から物言いがついたからと言って、やすやすと引き下がるわけにはいかなかった。私は言った。

「経営は軍隊とは違います。経済は守りも攻めも両方を同時にやらなければいけないことも多い。守りだけやっていても、会社は小さくなっていく。だから攻めの部分もきちんとやる必要があります。今いちばんにやるべきことは、ファミリーマート株買収のような市場経済に向かっての布石です」

瀬島さんが納得したかどうかはわからない。しかしいくら納得しなくても、私は前向きな投資として断固やり抜こうと腹を決めていた。

失敗したら、自分は退職してでもファミリーマートの社長をやらせてもらうつもりだった。それだけ伊藤忠のためになるという確信があった。その時点で進行中の特別損を出しても、伊藤忠の体力と収益力があれば新しい大投資を乗り切れる自信があった。

結果的に株買収は大きな成功を得て、伊藤忠の流通事業を一挙に拡大することになった。

経営も最後は人間性の問題に行きつく。経営にはどこかでその人の本性が出てくるということである。それはその人物がどういう人生を歩んできたかに左右される。

瀬島さんは非常に頭脳明晰《めいせき》で論理的思考ができる経営者だった。私は経営の決断と実行という面で瀬島さんに多大な影響を受けた。

ただ、私の生き方と瀬島さんの生き方は違う。瀬島さんは陸軍士官学校の恩賜の銀時計組で、超エリートコースを歩んだ人間である。みんなに尊敬、崇拝され、常に権力を手にしてきた。

私が副社長から社長になったとき、用件があって、私が以前のように瀬島さんの部屋に行こうとしたときだった。

「いやいや、社長に来ていただくのは申し訳ない」と言って、杖《つえ》をつきながら私の社長室に来られた。「いやいや先輩、私が本当に行きますから」と言っても聞かなかった。

それが「瀬島流」だった。軍隊では上下関係が決定的であり、上官のいうことは絶対服従である。軍隊組織は上官が判断を誤ればすべて誤った方向に行くという危険性を有している。日本を敗戦に導いた大きな要因は、そうした軍隊の意思決定システムだった。

会社組織では社長は隊長であり、軍隊なら上官に当たる。瀬島さんはそうした上下関係に規定されておられたといえる。

私の場合、相手が先輩であろうが上司であろうが、間違いは間違いだと言う。黒のものを白とは言えないし言わない。

こうした人間は傍から見れば危なっかしくて、平和な時代ならば社長になっていなかっただろう。私が社長に選ばれたのは伊藤忠が危機のただなかにあったからだったかもしれない。

■人生最大の決断を迫られた

伊藤忠が大幅赤字に転落した当時、会社の危機に対して、幹部はそれぞれに危機意識を持っていたはずである。しかし、会社がつぶれるギリギリまで最大限のリスク判断をすべきだという考えを持っていたのは私だけだったと思う。

私は社長就任の一年半後の一九九九年十月、不良資産を一括処理し、産業界最大規模となる三千九百五十億円の特別損失を計上した。これは私の人生を通じて最大の決断を迫られた事案だった。

バブルが崩壊するまで拡大戦略を取り続けた伊藤忠は、いつの間にか土地やビルの不良資産を抱え込んでいた。稼いでも稼いでも不良資産に利益が吸収されていく。これでは社員の士気は上がらず、会社そのものが傾いていく。私はもとになる膿《うみ》をすべて吐き出すべくタスクフォースを組織して、不良資産の洗い出しに取りかかった。

私の長い会社経験からすると、保有資産の含み損は当初表面に出てきた額の三倍ほどに膨れ上がる。三倍に科学的な根拠があるわけではない。最初に一億円の含み損があれば、実際は三億円という経験則による。

社員は損失を出せば上司から叱責されるため、できるだけ損失を低く見積もる傾向がある。すぐに表面化する損失をまず出して、それ以外はそのうち何とか解消すると考える。そんなとき、社長としては、

「これだけということはないだろう。これまでの損失は過去分だから、社長が全責任を持つ。しかし、もし今後これ以上の損失が出たら、すべて君たち部長の責任だから覚悟してほしい。場合によればクビにするかもしれない。これは最後通牒《つうちょう》だ」

そんなふうに言えば、さらに同額ほど出てくる。つまり最初が千五百億円だったら、三千億円となる。ここで「よし、もうこれでいいだろう」と思ったら大間違いである。まだ少し楽観的に見てあちこちで眠っているため、最後の〝ゴミさらい〟をやる。そうすると、さらに一千億円が出る。

結局、焦げ付きを試算すると四千億円近くとなった。一括処理して市場が反応し、株価が下がり続ければ、ついには底が抜けて会社が倒産するかもしれない。だったら処理を先送りして騙《だま》し騙し処理していけば、その間に景気が回復するかもしれない。そうすれば自分の社長時代に汚名を着ることはない——。

やるべきか、やらざるべきか。誰にも相談しなかった。会社の先輩やＯＢに相談しても

答えはわかっている。「無理するな。穏やかにやれ」。

問題は大株主の取引銀行だった。彼ら自身、膨大な不良債権を抱えている。その一括処理を取引先の企業が独断専行でやろうとしている。しかしそのリスクのかなりの部分を負うのは銀行である。兆単位のお金を貸している伊藤忠がつぶれれば銀行にも影響は及び、深刻な事態に陥る。伊藤忠どころの規模ではない。

彼らも予想通り賛成しなかった。そんな無理をしなくても、少しずつ処理していけば平穏に済ませられるではないか、というのが銀行を含めて一般の考えだった。

しかしその間、社員はどうなる？　損失を埋めるために一生懸命働いても給料は増えない。株価も上がらない。処理を終えた十年後に入ってきた社員は何もせずに果実だけを手にする。それでは今汗を流して働いている社員が報われないではないか。

このまま行くと、どんどん会社が衰退してやりたいこともやれない。山一證券《やまいちしようけん》のように悲惨な結果に終わる可能性もある。ここは何としても食い止めなければいけない。世の中には無理をしてもやらなければいけないことがある。そして私の考えでは絶対に会社はつぶれない。むしろやらなければ早晩つぶれる。

私の場合、大きな決断をするときは牛の胃袋のように何度も考えを反復する。それは本当に正しいのか。会社のためになっているのか。大義のもとで私欲を排して熟成させた。失敗したらどうなるかということだけは頭にちらついた。グループ何万人という社員とその家族が犠牲になる。私自身、会社をつぶした張本人として指弾されるどころか、家族たちは表を歩けず、子々孫々にわたり後ろ指を指されるに違いない。私が自殺して済むならことは簡単だが、その後、誰が会社を切り盛りするのか。

失敗しそうなときには鞍馬《くらま》天狗《てんぐ》がパカパカと蹄《ひづめ》の音とともに現れてくれないか。そして颯爽《さっそう》と助け出してくれないか。そんな夢さえ見た。

決断を下す前の一週間は迷いに迷い、口がパサパサに乾いて、ご飯がのどを通らなくなった。体に変調をきたしながらも、それでも夜に眠れていたのは、私自身、追いつめられれば追いつめられるほど負けじ魂がうずき、元気が湧き出るたちだからかもしれない。

■社長は孤独でなければならない

私は会社の繁栄という大義に殉ずる覚悟を決めた。周囲は二年ぐらいをかけてやると思っていたようだが、私の結論は「即刻やれ」だった。スピードが要求される時代に不良資産に足を取られている時間はない。

三千九百五十億円という特損処理の額にはさすがに血の気が引いたが、決断にぶれはなかった。幹部たちには「君たちに責任はない。責任は俺が一人で取る」と言った。

厳しい局面に直面すると、私はいつも言ってきた。

「失敗しても死ぬわけじゃないだろ。生きてればいくらでもチャンスがある。人間なんて知れた人生じゃないか。そんなふうにガタガタするんじゃないよ」

グループ内で三期連続の赤字を出した会社は、すべて整理することにした。調べてみると、千九十二社のうち四百五十社以上に上った。信賞必罰、業績評価という競争原理を導入して人員を整理した。

そこはいちばんしんどかった。辞めさせられた人間は私を恨んだと思う。しかし会社存続のために他に道はなかった。退職金は大幅に上乗せした。沈みかかった船だと考えて、早期退職のほうが得だと判断した社員も少なくなかっただろう。

人間の強欲には限りがない。何にしても、できる限り〝お金〟を求めるのは人の性《さが》である。そのとき、他人のことは二の次になる。人間はいつも自分のことを第一に考えるものだ。

会社を優先すれば船は沈没しないが自分が助からない。自分を優先すれば船は沈没するが自分は助かる。後者を選んでも非難はできない。自分にしても、同じ立場に立たされれば同じように振る舞うかもしれないのだから。

社長というものは孤独である。孤独に耐えられるかどうか。そこでそれまでどれだけ強く生きてきたかが試されるし、孤独が人を強くもする。社長が孤独でなければ、その会社はうまくいかない。私はそう言ってきた。

マーケットが開いたとき、株価は暴落しなかった。むしろ結果的に株価は上がった。市場からは不良資産を一括処理した伊藤忠の企業としての経営姿勢と将来の可能性を信用していただいたのである。

ここが伊藤忠商事という企業のターニングポイントだったと思う。おそらくこの決断なしに伊藤忠は立ち直れなかったのではないか。

成否を分けたのは、私心や私欲を捨てて事に当たったかどうかだったと思う。西郷隆盛《さいごうたかもり》ではないが、名誉やお金を顧みずに大義のために決断したかどうか。

二〇〇〇年三月期は伊藤忠単体で千六百三十億円の赤字を計上して無配となった。しかし翌年は、連結で純益七百五億円の過去最高益を達成した。

もう不良資産が稼ぎを吞《の》み込むことはない。利益もないが損もない。だから社員たちにはこう言って励ました。

「これから君たちがやることはすべて利益になる。私がいなくても会社は絶対に良くなる。だから安心して、これまで通り精一杯やってくれ。儲かったらボーナスを弾もう」

■プロテスタンティズムと近江商人

経営者は自分の身の安全を第一に考えてはいけない。自分の身を捨ててでもやるという不退転の決意がなければ経営はできない。

私欲を排除するためには「智の勤行」が必要だ。知識ではなく、智慧《ちえ》の智。静寂の中で自分を忘れ、心耳を澄ます時間を持つ。

そんなふうに言うと、何か宗教の修行のように聞こえるかもしれないが、経営は突き詰めていくと宗教や倫理に行きつく。それは何も突飛な考え方ではない。

ドイツの社会学者マックス・ウェーバー（一八六四〜一九二〇年）は『プロテスタンティズムの倫理と資本主義の精神』で、本来、資本主義は企業経営者自らが高い倫理観を持つことが必要であると諭している。

資本主義という経済システムは、放っておくと営利追求そのものが自己目的化してしまって歯止めが利かなくなる。そうして弱肉強食の酷薄な世界が展開される。欲深さを捨てられないのが人間の業であるように、それが資本主義の業でもある。

初期の資本主義は、ウェーバーのいうピューリタニズム（プロテスタンティズム）の倫理観が、資本主義の持つ業をチェックする役目を負ってきた。すなわち神が与えたもうた天職に禁欲的に励むことで神の意志がこの世に顕現し、自らが救われるという考え方によって利潤追求が肯定された。

天職である仕事に励んだ結果、得られたお金は無駄に消費せず、隣人愛のために使う。それがすなわち寄付の精神である。こうした天職と禁欲、貪欲《どんよく》の抑制こそがウェーバーの言う「資本主義の精神」であり、その中核にあるのはエートス（倫理）以上に人々の血肉となっている社会的心理だった。

二十世紀に入ってからは社会主義がこの役割を果たしてきた。資本主義に対して平等で公正な社会を目指した社会主義がプロテスタンティズムに代わり、欲望の膨張と肥大化をチェックしようとしてきたはずだった。

マックス・ウェーバーの思想は近江《おうみ》商人の思想と行動哲学に重なる。近江商人は神仏への信仰が篤く、規律道徳を重んじた。だましたり、ごまかしたりせず、信用と信頼を大事にした。

近江商人からは「売り手よし、買い手よし、世間よし」という「三方よし」という言葉も生まれ、近江国生まれの伊藤忠商事創業者・初代伊藤忠兵衛《いとうちゅうべえ》（一八四二～一九〇三年）は「商売は菩薩《ぼさつ》の業。商売道の尊さは、売り買い何《いず》れをも益し、世の不足を平らかとし、御仏の心にかなうもの」とも言った。そこには商売は世のため、人のためという思想が息づいている。

それはある面では「近代資本主義の精神」であり、日本的には「近代商売道の精神」と表現することもできるだろう。この精神なくしては日本の資本主義の発展はなかったと言っても過言ではない。士農工商という身分制度に見られるように、お金は賤《いや》しいもの、商いは下賤《げせん》の民のものとした価値観が、数百年前の社会では当たり前だった。

ソ連社会主義体制が崩壊した一九九一年以降は、資本主義は膨張を続け、今や一国家を崩壊に至らしめたほどの危険を宿すモンスターになっている。まず自己利益が優先されるとしても、利己と利他の共存こそが人間の人間たるゆえんであり、利他精神を生かすべくどれだけ本能を制御できるかが資本主義の精神であり、「近江の倫理と精神」は人間として生きるための精神でもあると言える。

資本主義の暴走に歯止めをかけるのは、人間社会が受け継いできた宗教や倫理観しかない。今もっとも求められているのは、日本の精神風土の中に息づいてきた謙虚や自律自省といった倫理観にあるのではないかと私は思う。

■『論語』と『武士道』にみる経営の倫理

どんなに不良資産を処理しても、新しいビジネスモデルを確立しても、それを動かす人間が正しい倫理観を持たなければ、経営は決してうまくいかない。

だから私は仕事の心構えとして自分自身にも部下にも、ひたすら「クリーン、オネスト、ビューティフル」と言い続けてきた。

「清く、正しく、美しく」。あまりに平易・普通すぎて風の如く頭の上を通り過ぎてしまいがちな心がけである。こうした倫理観の骨格になるものは、武士道精神である。武士道精神の柱となる「義」を遂行するためには、打算や私利私欲から離れた自律心を要する。

明治の教育者・思想家の新渡戸《にとべ》稲造《いなぞう》（一八六二〜一九三三年）が著した『武士道』によれば、武士道精神の源には仏教と神道があり、その道徳的教義には孔子《こうし》（紀元前五五二〜紀元前四七九年）の『論語』をはじめとする儒教の教えがもっとも豊かな源泉となった。

たとえば「君臣、父子、夫婦、長幼、朋友」からなる五つの倫理。さらに「仁・義・礼・智・信」の五常の九つの徳目が経営の根幹をなす倫理を示してくれる。九つの徳目、すなわち「温（人間的温かみ）」、「良（人の美しさ、正直さ）」、「恭（仁とともにある慎み深さ）」、「倹（質素であること）」、「譲（礼儀正しさ）」、「寛（厳格とともにある寛容）」、「信（信用と信頼）」、「敏（すばやい対応）」、「恵（浪費とならぬ施し）」。

裏返せば、孔子の時代から今日と同じように、人間はウソをつき、奢侈《しゃし》を好み、他人よりも自分の利益を優先していたということである。だからこそ儒教は五常や九つの徳目を掲げて、自らの驕《おご》りを抑え、謙虚であり続けることを説いた。

企業にとってもっとも大切なのは五常の中でも、とくに「信」である。社会における企業の信用、そして経営者が社員の信頼を得られなくては、会社は成り立たない。私は部下によく言った。

「絶対に人にウソをついてごまかすな。金で買えないものがある。それは信用と信頼だ。ほかはお金で何とでもなる」

ではトップが信用を得る道は何かといえば、陽明学における「知行合一」だろう。陽明学を起こした王陽明《おうようめい》（一四七二～一五二九年）は、「知って行わないのは、未だ知らないことと同じである」と主張し、実践重視の教えを説いた。

知行合一は「知ることは行為の始めであり、行為は知ることの完成である」「行動を伴わない知識は未完成である」とも言い表される。

『武士道』によれば、武士道とは行動そのものであり、生活態度でもあり、それは口伝によって継承されてきた。教えは日々の生活態度で試される。つまりは「言行一致」。言っていることと、実際にやっていることが同じかどうか。

部下はトップを三日で見破る。言行が不一致ともなれば、社員の信用を失い、会社の信用も失ってしまう。

「信」は「仁」につながる。周りから信頼される企業でなければ人の心は持ちえない。「信」がなければ「仁」につながらないように、周囲に対して「仁」がなければ「信」も生まれてこない。

人のため、社会のため、国のためにならない事業は繁栄しない。逆にいえば、たとえ一時的には儲かったとしても、人のため、社会のため、国のためにならない事業は、確固たる信念を持ってやめる勇気と強さを持たなければいけない。

その決断はトップにしかできない。だからこそ、トップは決断する際、つねに自分の倫理観と照らし合わせて自戒する必要がある。「クリーン、オネスト、ビューティフル」には、そうした思いが込められている。

■出処進退のけじめ

元《げん》の名臣、張養浩《ちょうようこう》がまとめた『為政三部書』は、官僚必読の書として私はよく紹介してきた。『三事忠告』を陽明学者の安岡正篤《やすおかまさひろ》さんが注釈を加えて出版したものだ。安岡さんは敗戦時、玉音放送の起草者の一人としても知られている。歴代総理の指南役も担っていた。

張養浩の忠告は、今も脈々と生きている。たとえば、

「身を修め、賢者を用いて民を重んじる。先々に心をする」

先々に心をするというのは、「将来のことを考えよ」ということだ。

「法律を師と為して学を積み、徳を尊ぶ。去り際を潔くし」

と出処進退のけじめにも言及している。これは為政者や官僚だけでなく、民間企業の経営者にも非常に重要な教訓である。

私は一九九八年の社長就任時の公約通り、三期六年で社長を退いた。退任直前の二〇〇

四年三月期決算における「固定資産の減損会計」の早期適用を選んだ。これに伴って伊藤忠は連結決算で三百二十億円の赤字、無配に転落した。

黒字決算で退陣の花道を飾ることもできたのだろうが、私は会社の膿を出し切って社長の座を後進に譲りたかった。

どんな肩書き、どんな地位、どんな勲章を得ようが、一皮剝《む》いたら、単なるおじさん、おばさんの世界だ。伊藤忠社長や会長にしても、どうひっくり返ろうが、しがみつくほどの肩書きではない。

そんなに虚栄心を満たしたいのなら、背中に「伊藤忠商事社長」という張り紙を張りつけて歩いたらどうだ。そんなふうに私は周囲に話していた。

第二章　関係を知る——人を育て組織を動かす

■名指導者は人間を知っている

「人間とはいったい何者なのか」という私の探究は、企業経営にそのままつながった。
企業経営とは人間をどう動かすかにかかっている。つまり経営とは私にとって、人間とは何者かを追究する場だった。

経営の真髄は理論的に突き詰められるものでもない。たとえば会社が経営危機に陥ったとき、まず何をどのように対処すべきかは、そのときの経済状況、国際情勢などによっても異なってくる。一年前なら成功したかもしれないが、現在となっては通用しない対応もしばしばある。

そのときに経営者が肝に銘じなければいけないことは、経営は自分一人では決してできないということだ。「ワンマン社長」「〇〇天皇」などとはよく聞くが、自分一人で会社を動かしていると考えている経営者がいるとすれば傲慢《ごうまん》のきわみであり、その会社は将来行き詰まること必至である。

もちろん、人間とはすぐに傲慢になる愚かな動物である。状況によって考えをクルクル変える。わが身かわいさで自他共に裏切る。これは人間を否定しているわけではなく、人間とはそういう動物であることを客観的に指摘しているだけである。

会社に入って働けば、社内にはとんでもなくおかしな人間が少なからずいることを知る。経営はそういう性情を持った何千人、何万人という社員をどう動かすか、どう使うかにかかっている。

だから人の上に立つ名経営者や名監督、名指揮者は、なべて人間というものをよく知っている。たとえば私の知る限り、田中角栄《たなかかくえい》や中曽根康弘《やすひろ》といった宰相も人の心をつかむ天才だった。

人間を相手にしたとき、ものをいうのは知識や情報ではない。どこで相手を褒めればいいか、あるいは叱咤《しった》すればいいか、あるいは黙って眺めているだけでいいか。すぐれた指導者は相手の資質と能力、状況を的確に把握してうまく部下を動かす。

つまり経営者は人間勉強が欠かせない。そして読書はそのもっとも有効な手段である。なぜなら、私たちは読書を通じて古今東西の偉人・賢人と対話して彼らの洞察をわがものとすることができるのだから。読書の最大の効用はそこにあると私は思う。

■肉体と精神は一体化している

フランスの科学者アレキシス・カレル（一八七三〜一九四四年）の『人間—この未知なるもの』（渡部昇一《わたなべしょういち》：訳、三笠書房）は、「人間は何者か」という問いに対して、著者の持てる力をすべて投じて答えようとした名著である。

カレルは一九一二年度のノーベル生理学・医学賞を受賞した外科医・解剖学者・生物学者。この本は人間を総体として捉《とら》えようとして、肉体や精神の構造、意識や健康、成長、寿命、適応能力などにスポットを当てて考察し、当時のベストセラーとなった。

この本が伝えようとしていることの一つは、肉体と精神は一体化しているということだ。たとえば精神的に落ち込んだときは、胃や腸、心臓など肉体の各器官に相当の影響を及ぼす。人間が非常に複雑で謎めいた生きものであることを、この書は科学的な視点から書き記している。

「愛、憎しみ、怒り、恐れなどが、論理さえをも混乱させるのは誰でも知っている。こういう意識の状態が現れるためには、化学的物質交換に特定の変化が現れねばならない。感情的な動揺が激しいほど、この化学的変換も強くなる。それに反して、新陳代謝作用は知的活動によって影響を受けないということも知られている。情緒的機能は生理的機能と密接な関係がある。これが人間の気質である」

「はっきりした目的に向かって行動を開始すると、精神的機能と器官的機能は完全に調和してくる。願望を統一し、一つの目的に向かって精神を集中することは、内なる心に平和を生み出す。人間は行動によるばかりでなく、瞑想《めいそう》によっても心を統一できる」

カレルの著書を読めば、おそらく周囲の人への容易なレッテル貼りはしなくなるだろう。「あいつはダメだ」とか「こいつはできる」と軽々に判断することが、どれほど愚かなことかがよくわかる。

もちろん、書いてあることのすべてに賛同はできない。本書が刊行されたのは一九三五年。ヨーロッパが第一次世界大戦と第二次世界大戦のあいだにあった時代で、カレル自身、きわめて民族主義的、優生学的な思想傾向を持っていた。カレルほどの科学者であっても時代の制約、当時の世界情勢の影響を免れることはできなかったということでもある。

時代背景が異なるとはいえ、この『人間――この未知なるもの』は、指導者たちに長く読み継がれていくべき貴重な本だと思う。

■宮大工に学ぶ人の育て方

指導者にとってつねに問われるのは、人間をどう動かすかとともに、人材をどう育てるか、ということである。

人材の育て方という意味では、宮大工の西岡常一《にしおかつねかず》と弟子の小川三夫《おがわみつお》の言葉を聞き書きした『木のいのち木のこころ』（新潮文庫）に私は多くを教えられた。

本書では木の癖を読み取って生かす使い方を語りながら、同時に人の育て方も示している。そこには体験から汲《く》み出された知恵が詰まっている。たとえば西岡棟梁《とうりょう》の言葉。

「気に入らんから使わん、というわけにはいかんのです。自分の気にいるものだけで造るんでは、木の癖を見抜いてその癖を生かせという口伝に反しますやろ。癖はいかんものだというのは間違っていますのや。癖は使いにくいけど、生かせばすぐれたものになるんですな。それをやめさせ、あるいは取り除いていたら、いいもんはできんのです」

西岡棟梁の唯一の内弟子、小川さんの言葉にも腑《ふ》に落ちるものが多く、私は彼らが発した言葉で、これはいいと思うものやその都度私が感じたことをノートに書き記している。いくつか書き出してみる。

「愛情が少なく育つと粘りがない」

これは私の持論である「教育の三位一体論」につながる言葉だ。家庭、学校、社会の三つの教育が一体になって初めて十全たる教育は成り立つ。

ところが最近、家庭の教育が大きく欠落している。子供が問題を起こすと、学校や教師のせいにするが、それは三位一体の一部にすぎない。知識や学問には限界があり、人間の成長には感覚や感性が必要であり、そのためには家庭での教育が欠かせないのだ。この家庭教育が不足した場合は「粘りがない」。つまり、すぐに物事をあきらめてしまう。

「人間の教育も急ぐと無理が出る」

「器用人は耐えることが不得意。不器用の一心が良い」

石や岩の間から芽が出て、風雪に耐えて大きくなった木が、何百年も持つ丈夫な大木に育つという。苛酷《かこく》な環境の中で育った木は強いが、促成栽培や環境のいい場所で育った木はもろい。

だから法隆寺《ほうりゅうじ》など長い年月持つ建物を建てようとするならば、温暖な地域ではなく、荒地や気候の厳しい場所で耐え抜いた木を持って来いという教えを説いている。これは人間についても、そのまま当てはまる箴言《しんげん》だろう。

カレルの『人間―この未知なるもの』は科学の視点から人間の総体に迫った著書だが、この『木のいのち木のこころ』は木の性質や寺社建築に託して、人間がいかなるものかを表している。

■未熟なうちに仕事を任せよ

部下の能力の見方について、教えられた言葉もある。

「一つのことに打ち込んでいれば、人は磨かれる。中途半端よりずっといい」

「他人のせいにするのも逃げである。ふてくされるのも相手が悪いと思うからだ。ふてくされてやるのは、相手が悪いと自分が思っているから」

法隆寺の屋根の線はまっすぐに見えるが、実はまっすぐではない。まっすぐに造ったら、むしろ屋根の線はたるんでいるように見えてしまう。私たちの目にはそういう性質があり、最初から少し真ん中を膨らませておけば、まっすぐに見えるという。どのぐらい膨らませておけばいいかは数字では言えず、目や指で感じるしかないという。

人間はつい自分の視点でものを見てしまう。ふてくされるのは、相手が悪いと自分が思っているからであって、まずは自分の見方を問い直さなければいけない。

「ものを覚える、技を手に入れる、感覚を身につける。遅々として進まない道である」

「ある時ぐいと階段が上がる。それは一つ上の何かをつかみとるのだ。それが自信になる」

最初は能力的にダメだと思っても、努力を続けていればワンランクアップする瞬間が人間にはあり得るということだ。

あるいは後継者を選ぶときに、参考になる言葉。

「完成してから任せず、未熟なうちに任せなさい」

西岡棟梁はこんなふうに話している。

「弟子は初めは何にもわかりません。そのほうがよろしい。何にも知らんということを自分でわからななららん。本を読んで予備知識を持って、こんなもんやろと思ってもろても、そうはいかんのです。頭に記憶はあっても、何にもしてこなかったその子の手には何の記憶もありませんのや。それを身につけにくるのが弟子です。技は技だけで身につくもんやないんです。技と心は一緒に進歩していくんです。一体ですな」

つまり「この男はもう立派になった」と思ってから仕事を任せてはいけない。「まだダメだ」という段階でこそ任せる。普通は立派に成長した段階でやっと任せることができると判断するものだ。それではいけないと宮大工は語っている。

完成、成熟した人間に仕事を任せれば、そこには傲慢の弊に陥る危険性がある。しかし、未熟なうちに任せれば、本人が力不足を痛感しているだけに命懸けで努力する。そこで人が育つ。成長する。責任が人を育てる。これは経営においてもまったく同様のことが言える。

社員をいかに育てればいいのか。私はこれはと見込んだ人材には百パーセント任せるようにして、何も余計なことを言わないようにしていた。部下を育てるには三つの基本原則がある。すなわち「認めて」「任せて」「ほめる」。

人間は金銭に換えられないモチベーションがなければ働かないというのが私の持論だ。会社が自分に期待しているか、自分の仕事が会社や社会に貢献しているか、自分の仕事が上司の役に立っているか。経営者は社員に対してこの三つのどれかを満たしてやる必要がある。

権限を委譲して任せるということは当然、大きな期待を寄せている。それに応《こた》えて「よっしゃー、やるぞー」と思ってくれれば、その社員はきっと大きく成長するはずだ。

■城山三郎が書いた成長の3ステップ

経営の真髄は社員たちをいかに動かしていくかにある。とすれば、人間とはいかなる存在か、その本質を知ることにこそマネジメントの原点はある。

では、どうすれば人間を知ることができるのか。

たとえば自ら苦しい経験を重ねる中で見えてくるものがある。困難な課題に直面したときに事態を打開するのは、「自分は間違っていない」という自分の能力への過信でもなければ、「自分は間違っていた」という能力の全否定でもない。困難な状況に応じて自らの思考を切り拓《ひら》いていく謙虚さである。

人は苦しい状況になるほど人間の痛みがわかるようになる。他者への共感はともに困難に立ち向かう場を生み出す。やがてそこからこれまでにない知恵と力が生まれ、状況が変わって不可能が可能になる。このとき理屈では説明できない何か不思議なもの、「偉大なる何者か」の存在さえ感じる。

そうした気づきは、個人的な苦難の経験に加えて、先人たちの数多くの知識と経験を知ることからしか得ることはできないと私は思う。書物はその豊かな源泉であり、読書はそこから清冽《せいれつ》な水を汲みだす行為なのだ。

経済小説を開拓した作家の城山三郎《しろやまさぶろう》さん（一九二七～二〇〇七年）に『毎日が日曜日』

という小説がある。総合商社という巨大組織のダイナミックな機能と日本的体質を、商社マンとその家族の日常生活を通して描いている。ビジネスマンにとって幸福とは何かを追究したこの作品に主人公が社訓を語る場面が登場する。

「ワタシハ、アリニナレル。ワタシハ、トンボニナレル。シカモ、ワタシハ、人間デアル」

これが実話に基づいていることを私は城山さんと対談させていただいたときに知った。かつて私の会社の先輩が新卒採用の面接試験で、「君はアリになれるか。トンボになれるか。人間になれるか」と尋ねたことがあったのである。

アリのように黙々と勤勉に働けるか。トンボのように複眼でものを見ることができるか。そして何よりも、血の通った温かい人間の心を持つことができるか。

アリ、トンボ、人間という三つのステップには優れたリーダーへと成長していくプロセスが見事に示されている。あるいは人は年齢によって、キャリアによって、立場によって、やるべきこと、学ぶべきものは異なることを指し示した教えだともいえる。

まず会社に入って最初の十年は、アリのように地を這《は》って、泥にまみれて死にものぐるいで働くことだ。大して重要な仕事が与えられなくても、そこで失敗を重ねながら経験を積めば、仕事に関する多くの知識を蓄えることができる。ただ、その多くは言葉では表現できない「暗黙知」であり、そのままでは概念化はできないだろう。

そこで仕事の現場を理解したら、次の十年は広い目で世間を見渡す。ある選択が一方では利益でも、他方ではリスクをはらむことになるかもしれない。ある事業の成功が別の事業の展開につながるかもしれない。問題をさまざまな角度から検討し、あらゆる可能性を探る姿勢を身につける。

このときの武器の一つが読書である。担当分野の本を片っ端から読んで、自分の中に蓄えた「暗黙知」を言葉と論理で説明できる「形式知」に昇華する。それによって経験と理論が結びつき、トンボのような複眼的思考を養っていく。現場を知っている人間が理論を学べば、どんな学者にも負けない実力を手にすることができる。

そして最後に「人間」になる。精神的に鍛錬を積み、自分を知り他者を知る。部下を多く抱えるリーダーは、つねに弱い者の立場に立たなければいけない。弱者にも平等に機会を与える温かい心を養って、初めて人の上に立つことができる。

人間は生きていれば問題だらけだ。一つの問題がなくなれば、すぐに次の問題が起こる。お金の問題、仕事の問題、身体の問題。いくらでもある。問題がなくなるときは死ぬときだ。言い換えれば、問題があるということは激しく生きているということでもある。私はそう思って問題があること自体を悩んだりしたことがない。

私のところに相談に来る人の多くは問題を抱えて悩んでいる。私は言う。

「本当に問題がないほうがいいのなら死ねばいい。生きているということそのものが問題だ。問題は人との関係であり、一人で解決するわけではない。だから必ず解決する。問題があることを喜べ」

■中世の民衆生活から知る弱者の立場

一見、会社経営にも社員の育成にも無関係な著作が、見えないところでそれらにつながっていることがある。

たとえば横井清《よこいきよし》の『中世民衆の生活文化』(上・中・下、講談社学術文庫)。この本は日本にも暗黒の中世と呼ばれる時代があり、その時代に民衆がいかに生きたかを活写している。

荘園領主・寺社などの権力による抑圧の中、身体障害者やハンセン病者は被差別民として村八分に遭いながら、河原で暮らすことを余儀なくされた。飢餓に瀕《ひん》すると、赤ん坊を川に流さざるを得なかった。

民衆の求めていた幸福は、「一芸に秀でること」「有徳の身になること」の二つだという。庶民生活の博識の浸透ぶりはすさまじかった。

私はこうした歴史叙述に目を見開かされた。というのも、私たちは教科書で鎌倉《かまくら》時代や室町《むろまち》時代といった歴史を習うが、それらはみんな鎌倉幕府なり室町幕府なり為政者の世界の出来事で、そのとき民衆が実際にどういう生活をしていたのかはほとんど教えられない。与えられる歴史は支配階級の歴史であり、被支配階級の歴史ではない。いってみれば、歴史は上澄み部分で形づくられており、大衆がいかに虐げられた暮らしを強いられていたかを私たちは知らない。

権力は自己増殖する。そして腐敗していく。それをメディアも含めて大衆がチェックしなければならない。では大衆の判断が正しいかといえばそれは違う。

スペインの哲学者、ホセ・オルテガ・イ・ガセット（一八八三〜一九五五年）の『大衆の反逆』を読むと、大衆は権利ばかりを主張して義務を持っているなどとは考えもしないということがよくわかる。

『大衆の反逆』が発刊されたのが一九三〇年。第一次大戦による経済の停滞が続き、強権的政治に対する民衆の不満は高まり、スペインでも各地で反政府運動が続いていた時期である。

オルテガによれば、大衆とは「みずからに義務を課す高貴さを欠いた人間」だという。要するに、大衆なんて凡俗と愚者の集団であり、「大衆」であれ「市民」であれ「人民」であれ、いくら行儀のいい言葉で呼んだとしても、実のところは「愚かな群衆」ということだ。

それに対して私は「それはその通りだろう。では、おまえはどうしろと言うのだ?」という視点で読んだ。

オルテガは凡俗なる大衆の台頭の責任は、「すぐれた少数者の指導やリーダーシップの欠如にあり、彼らが大衆に生のプログラムを与えなかったことに由来する」と説いた。

■部下をいじめる上司に啖呵

リーダーはつねに弱い者の立場に立たなければいけない。若いころから一貫して私に流れていたのは、権力に対する反発心と弱者に寄せる思いである。私が大学時代に身を投じた学生運動の原点もそこにあった。

強者が弱者に力を振るうことも、強者にすり寄る連中も下品だ。強い者に尾っぽを振るのは品性野卑な人間のやることだ。弱い者を大事にすることが本当に強い人間のやることだ。「負けてたまるか！」という反骨精神は私の人生の背骨を成している。

私がまだ会社に入ってから何年も経っていないころだった。私よりも一つ年次が下の新入社員を、上司が同僚の面前で徹底的にいじめている場面に遭遇した。

「なぜこんな簡単なことを間違えるんだ。しかも君は同じ間違いを何度も繰り返している。おかげでどれだけ自分たちが迷惑をこうむっているか」

新入社員は平身低頭で謝っているが、上司は追及をやめなかった。上司が新入社員のミスをあげつらうと、当の部下は「いや、実はそれはこうこうで……」と逐一言い訳をする。知識も経験も豊富な上司は、そんな言い訳を簡単に撃破する。さらに部下が言い訳しても、容易に逃げ道をふさがれる。部下は押し込まれて身動きが取れなくなる——。

職場はシーンとして誰一人言葉を発しない。そばでやりとりを聞いていた私は、ついに堪忍袋の緒が切れた。バーンと椅子を蹴《け》飛ばして立ち上がり（実は立ち上がったはずみで椅子が倒れただけなのだが）、

「おい貴様、いい加減にしろ！　本人はもう十分に反省しているじゃないか！」

と上司に啖呵《たんか》を切ると、「なんだ、おまえは！」と対峙《たいじ》することになった。新入社員も

黙ってしまった。

上司にたてつくことで、自分がどうなろうとかまわない。私は他人の尊厳を否定するような行為を黙って見過ごすことができなかった。後で私は課長に呼び出されて、「君、相手は上司なんだから、ああいう言い方はだめじゃないか」と諭された。私は「確かに発言には気を付けなければいけませんが、でもあの態度は許せません」と譲らなかった。

私が批判した上司は当時、私の指導担当だったが、私を異動させるわけにもいかないため、指導担当がイギリス帰りの紳士に交代となった。

逃げ道をすべてふさいで追い詰められると、究極のところで人は自分で舌を嚙《か》むか、相手を倒すしかない。窮鼠《きゅうそ》、猫を嚙む。ほかに方法がないからだ。追い詰めた相手への恨みは死ぬまで残る。

そんなときは、部下を夜、飲みに誘って、

「あの野郎、許せないよな。おまえはぶっ叩《たた》いてやりたいだろう。しかし、まぁちょっと待て。いつか機会があればオレがやっつけてやるから」

上司や先輩ならば、そんなふうにガス抜きをしてやる必要がある。

■労働者の立場に立つ

私が伊藤忠商事会長で経済財政諮問会議の民間委員をしていたころだから、二〇〇七年のころのことだ。

総理官邸で、社会保障と最低賃金を討議する会議に出席したことがあった。そこでは労働者の最低賃金を時給一円上げるか二円上げるかという議論をしていた。私は思わず声を荒らげた。

「賃上げ一円とは大正時代じゃあるまいし、ちょっとふざけていませんか。一円賃金が上がって誰が喜ぶんですか。八時間働いても八円だ。こんな偉い人たちが額を突き合わせて、一円二円の議論をするんですか。せめてたばこ一箱（時間当たり四十円、一日三百二十円）買えるぐらい最低賃金を上げたらどうですか」

議事録に出ているかどうか分からないが、すぐさま反論が返ってきた。

「とんでもない。今まで一円や二円ずつ上げてきたのに、君は百円単位で上げろと言うのか」

「今までは知りません。ただ、一円二円じゃ労働者だってバカにされたと思うでしょう」

そこまで言ったら、経済界の重鎮が、

「君はどっちの味方なんだ？」

と尋ねた。私は驚いて言った。

「どっちの味方でもありませんよ」

隣に連合の代表が座っていたから、小さな声で、

「あなた、労働者の代表者として何か言ったらどうですか」

とつい声をかけた。

そんなやりとりを総理は黙って眺めていた。有識者の常識が世間の非常識であることは良くあることだ。

当時は時給六百八十円の時代。結局、このときは最低賃金が十円ほど上がったように記憶している。もちろんそれぞれの立場で本音が言えないこともあるだろうから、相手の立場を考えないで相手を批判するのは簡単だ。良い子になっているような自慢話にはしたくないが、こうして書いてみると我ながら品性下劣な感じがしてしまう。削除しようと思ったが、これも自分の不徳の致すところと観念してそのままにしておくことにした。

二〇一四年、連合の幹部と食事したときも、同じように感じていたことがつい口を突い

て出た。

「非正規社員が三八パーセントにもなって、あなたよく黙っているね」

「彼らは連合に加盟していませんから」

「加盟していなくても連合は労働者の味方なんでしょう」

経営者と労働者でいえば、労働者のほうが弱者である。だから私は経営者側にいても、いつも労働者の立場を忘れないように心がけてきた。これは当世はやらない考え方なのかもしれないが、真っ当なことを真正面から言えなくなれば、世の中は間違いなく暗くなる。

■お金で買えない価値

企業経営でもっとも大切なことは、雇用の安定だと私は繰り返し訴えてきた。これは企業の社会的責任である。今の世の中では、そのことがすっかり忘れ去られている。

最低賃金の引き上げでモノ申したように、働く者にとって賃金はとても重要である。しかし、一方でお金を第一に考えてはいけない。これは誰しもわかっているようでいて、実践は意外と難しい。

現代社会はあらゆることをお金に換算するようになった。仕事は給料で判断し、残業すれば残業代で経費がかさむ。日本の経営者は、お金で評価できないものはあまりカウントしないようになっている。

たとえば「同一労働同一賃金」という考え方だ。同じ仕事をしたら同じ給料を支払うのが当たり前だという。しかし、そこは冷静に見据えなければならない。

同じ仕事をしても、世の中にはお金で評価できないものもある。人それぞれの労働には独自の価値があり、そういう場合はお金以外のもので評価しなければならない。労働をすべてお金で評価できるのならば、それは機械がやる労働と一緒である。機械の代わりに人間がいるようなものだ。機械と同じ仕事では、ろくな製品やサービスは提供できない。

とくに外資系の企業は、仕事の達成度をすべてお金に換算する。欧米の企業はお金に換えられない人間存在の奥行き、深み、幅広さを考えていない。

オランダやデンマークをはじめ欧米では流通している考え方かもしれないが、それを日本の企業が安易に真似してはいけない。豊かな人間社会を構想するためには通用しない考え方だと思う。

これから日本の経営者が考えなければいけないのは、お金で買えないものを大事にした経営だ。たとえば前章で述べた「信用」。孔子は「民信《たみしん》無《な》くば立《た》たず」と言った。信用なしには国家が成り立たないように、会社も信用、信頼が第一だ。

働く者はたとえ賃金は安くても、お金で買えない価値を学んでほしい。この仕事をやることで視野が広がった、この仕事で自分なりの価値観を持ちえた、生涯の友人に出会えた――。

「男女同一賃金」にしても、女性は管理職に就いたら賃金がアップするという視点だけではなく、お金で評価できない女性の仕事の価値を見直してほしい。

日本の強さもＧＤＰ（国内総生産）や経済成長率などすべてお金に換算される。しかし行き届いた配慮とか清潔好きとか、お金で買えない日本の強さがある。国際競争力とは、そうした目に見えない価値を含んだうえで決定されなければならない。そしてそれらを大事にしなければ、これからの国際社会で世界一の高品質国家として日本は生き残ってはいけない。

■川上哲治の直接コミュニケーション

組織運営と人の育て方について、私は巨人《きよじん》監督だった川上哲治《かわかみてつはる》さん（一九二〇～二〇一三年）に大いに教えられた。著書『遺言』（文春文庫）にはその要諦《ようてい》が記されている。たとえば、冒頭にはこう記されている。

「プロ野球ならチームの盛衰は監督の力で九九パーセントが決まる」

「十二球団の技術力は現実の得点差、失点差ほど大きな開きはない。その差の八割は監督の、チーム全体の精神力の差、心の持ち方だとわたしは思っている」

これは私が企業の経営者に対して日ごろから言っていることとまったく同じだった。監督にも経営者にも決定権があり、その権力には同時に大きな責任が伴うということである。

「その監督の責任、指導者としての責任、教える者の責任とは何か。監督の意志を選手に、チームの隅々にきちんと正しく伝えることだ」

これこそが「全員野球」の意味である。試合後、投手のコーチは投手たちを集めてミーティングを開き、守備のコーチは野手を集めてミーティングを開く。ところが、川上さんの場合は、それでは終わらず、すべての分野のコーチを集めてミーティングを行った。

このときは自分の専門分野を超えて話し合いをする。たとえば守備のコーチが投手の欠点を指摘する。逆に投手のコーチが守備の問題点に言及する。全員で自分の担当領域を超えて、その日の試合を振り返る。それが大きな力になったという。

これもやはり会社経営にそのまま応用できる。技術部門、管理部門、営業部門など各部署がタコツボ化し、他の部署の問題点について言及しないのは、大きな組織になればなるほど見られる現象である。

ひとまとまりの組織の最大単位はだいたい六十人といわれる。社長がコントロールできる取締役は六十人。取締役の下の部長が六十人。部長の下の課長がまた六十人……。しかし私の経験からいえば部下の状態を把握できるのは三十人が限度である。それ以上増えたら、組織を分割するか、管理職を増やすか、体制を見直したほうがいい。

一番下から一番上にメッセージが伝わるまでに何段階も経るため、最初の「白」という報告が、社長のもとに到着するときには「黒」になっていることがよく起きる。

「これやっちゃいかんぞ」が「やるとまずいんじゃないの」「いや、少しはやってもいいんじゃないか」「やってもいいだろう」。白が灰色になって、ついに黒くなる。間接民主主義の弊害である。

社長時代、社員と直接コミュニケーションを図るために、私は社内のイントラネットとEメールを活用した。一週間に一回は社員に向けてメッセージを発した。タイトルを示せば「しょぼしょぼするな」「負けてたまるか」「社員、株主、顧客に喜んでいただける会社にしたい」……。

海外も含めて、毎日二十～三十の返信が来た。こちらからは、できるだけその日のうちに返信した。

毎週、二十～三十人の部課長らと直接討論する場を設けたのも、そうした弊害をなくすためだ。上司に阻まれて意見を言えない社員もいる。上司が握りつぶして社員の意見が社長に届かない。組織としては風通しが悪くて不健全である。

年に二回、全社員を五回ほどに分け、数百人を週末に集めて直接対話する「全社対話集会」も実施した。私がまず会社の現状や経営計画など今後の方針を説明して、後は社員からの意見や質問を聴いた。

直接顔を合わせれば、トップの情熱と気迫が伝わる。手を挙げさせても質問は出ないので、匿名で紙に質問を書かせて私が直接答える。そうして会社をどう変えようとしているかを訴えた。

一九九九年からは株主懇談会を実施した。株主総会がセレモニー化して株主に経営陣の顔が見えないという懸念を解消するためだった。セレモニーとしての株主総会後、飲み物やお菓子を用意して、経営陣も株主も平場で同じ目線で語り合う。株主側も気軽に質問できて評判は良かった。

■無我の境地に至ってこそプロ

私は川上哲治さんに大変親しくしていただき、お酒も二、三回飲んだことがあった。拙著『人は仕事で磨かれる』(文春文庫)という本を読んだ川上さんから「大変に感動した。ぜひ一度会いたい」と知人を介して連絡があり、王貞治《おうさだはる》の「一本足打法」を指導したことで知られる荒川博《あらかわひろし》さんとともに歓談することになった。

川上さんは私の著書にあった、人間は妬《ねた》み、ひがみ、やっかみといった人間の本性を知っておかなければいけない、というところに心動かされたという。川上さん自身も「人間とは何か」を追究してきた野球人である。その点、互いに相通ずるものを感じつつ語らうことができた。

V9時代、なぜ巨人軍は強かったのかという話に及んだときは、「長嶋茂雄《ながしましげお》と王貞治の二人がいたからであり、一人だけではだめだ」と話された。「あのやんちゃな金田正一《かねだまさいち》が、なぜ自分の言うことに従ったか。私が監督だからということではない。あれだけ国民の支持を得ている長嶋と王でさえ川上の言うことを聞く。だから金田も従った。ほかのみんなもそうだった」

ある日のミーティングで長嶋一人だけがノートを忘れてきた。川上さんが「長嶋君、ノートとペンを取ってきたまえ」と言うと、長嶋は素直に従ったそうだ。

川上さんは選手たちが自分の言うことを聞く理由をよくわかっていたはずだ。しかし、金田自身が自分の口からそう言ってくれたことが、うれしかったのだろう。

見方を変えれば、長嶋と王が従うだけの人間的な大きさが川上さんにあったということだ。事実、川上さんは二人の個性を把握し、その心理をよく読んでいた。だからこそ二人をうまくコントロールして使うことができた。

「川上さんがいちばんすごいと思う野球選手は誰ですか」

と聞くと、荒川さんの一番弟子、榎本喜《えのもとき》八《はち》を挙げた。榎本は「安打製造機」の異名を取る天才打者だ。千本安打の最年少記録を保持する。野球一筋に生き、「途中で精神に異常をきたすほど野球に打ち込んだ」と話していた。

川上さんから教えられたのは、普通の運動選手とかけ離れたプロのすさまじさだった。

川上さんは言った。

「疲れるなんてプロの言うことじゃない。本当のプロは、もうこれ以上できないということも言わないものだ。もうこれ以上できないという段階を乗り越えて、初めてプロは無我の境地に至ることができる。そこまでやるのがプロなんだ」

　疲れるまでやるのは普通の人。倒れるまで練習しても並のプロ。疲れたとか倒れるというレベルを超え、我を忘れて練習する。そして疲れを超越して「三昧《ざんまい》の境地」に入った人が本当のプロだという。

　ここに至るまでには過程がある。川上さんが巨人オーナーの正力松太郎《しょうりきまつたろう》さんに「自分は打撃の真髄をつかんだ」と言うと、正力さんから岐阜《ぎふ》の禅寺・正眼寺《しょうげんじ》の梶浦逸外《かじうらいつがい》老師のもとに行くよう諭される。正眼寺で川上さんは自分がどれほど努力してきたかを伝えると、梶浦老師が活を入れた。

　努力するということは心にまだ一物がある。これを一生懸命やれば偉くなる、カネが入るなどという邪念が働いている。そんなものは本当のプロではない。努力したとはプロの駆け出しの前に言うことだ。努力しているという気持ちがなくなるぐらいやって邪念を払え——。

「打撃の神様」と呼ばれた川上さんの現役時代の、「ボールが止まって見える」という有名なエピソードは、そういうことかと腑に落ちた。

　練習熱心で知られた川上さんは、試合終了後も宿舎で深夜まで素振りをしていた。一九五〇年のシーズン途中、多摩《たま》川のグラウンドで打撃練習をしていた。周りが心配するほど疲れ果てても続けていたら、無我の境地となって球が止まって見えるという感覚に襲われたという。

この境地は他のプロスポーツにも当てはまることだろう。自分の仕事に照らして言えば、疲労、過労を通り越して無我夢中でやって気が付いたら朝だったという経験は私にもある。もちろん、それは川上さんのいう「三昧境」にはほど遠いが、何もかも忘れて一つのことに集中するという時間が成し遂げる仕事は大きい。

仕事にしてもスポーツにしても、徹底的にやれば自分という存在が消える。いざというときは、人のためか社会のためか国のためか、自分を離れた「何か」のためにやっている。真に追い詰められたときは、そういう境地に至ると思う。

それにしても、川上さんの酒豪ぶりには度肝を抜かれた。ビール、ウイスキー、白ワイン、赤ワイン、焼酎。お店にあるアルコール類をすべて飲みほさんばかりの勢いだった。

■部下の本音を見据える

部下とやり合うときも、私にとっては人間探究の場だった。それは相手の心をのぞく一種の心理戦だった。

相手の言動を見ながら本音を探り、「今日はちょっとおかしいぞ。おれにゴマをすっていないか」と思ったときは、

「ちょっと待て。君は本当にそう思っているのか。本当のこと言ってみろ」

そんなふうに水を向けたことが何度もあった。

「おれにお世辞を言ったって何にもならないよ。君が社長になれるわけじゃない。歳がおれと十ほど違えばまだ可能性もあるけれど、一つや二つしか変わらないんだから。だから本当のことを言うのが、結局、自分や会社の将来のためにプラスになるんだ」

そんなことを言われてコロッと態度を変えるほど部下も単純ではない。「承知しております」と言って、投げかけられた言葉をいったん持ち帰る。「丹羽さんには心を読まれている。ああいう態度をとるのはまずい」と今度会うときは態度を変えるかもしれない。

囲碁の対局と一緒だ。碁盤上、ここに碁石を置こうと思う。それを相手が期待していることに気づいたら、ではこの手筋は外そうとなる。

相手と対したときに、私の定石は「自分の意見を先に言わない」ということだ。相手の話を十分に聞き、理屈が通っていないときは別の角度から尋ねてみる。

「理屈が合わないな。ということは、何かほかの判断理由があるんじゃないか。同僚にライバル心を燃やしているのか。あるいは一発勝負をかけようとしているのか」

当然、「そんなことはありません」と相手は答えるだろう。そう答えながらも、相手に「どうやらこの人には本当のこと言わないといけないな」と思わせる。

リーダーには有能で信頼できるチームが必要だ。その際、大事なことはメンバーを匿名にすることである。公表すれば彼らにすり寄る人間が必ず現れ、チームはたちまち本来の機能を失ってしまう。

リーダーになると、周りにゴマすりが集まり、耳に心地いいことばかりが聞こえてくる。すると物事の真実が見えなくなる。お世辞を言われてニコニコしているようではリーダー失格だ。それが百パーセントゴマすりなのか、七割はゴマすりで三割は本音なのか、しっかり見極める必要がある。

お世辞も言い方による。見るからにお世辞とわかる言葉を安易に口にするのは愚か者だ。「間ゴマ」と略して言うが、間接的にゴマをする。「この人に対して丹羽さんを褒めれば、やがて丹羽さんにそれが伝わる」という計算をする。

「先日、Aさんに会ったら、丹羽さんのことを手放しで褒めていましたよ」

褒められて、うれしくない人はいない。しかしそんなふうに言われれば、そのまま褒め言葉を受け取るのではなくて「バカ、それは間ゴマと言うんだよ」と軽くいなす。

もちろん、相手にもよるし言い方もある。生真面目に言うのか軽口で言うのか。TPOも大切だ。酒席の場の言葉か会議の席での発言かでまったく意味は違ってくる。

■リーダーは愛されかつ恐れられる

「おい、君たち、今日は本音で行こう！」と言って本音がボンボン出るほど、みんな単純でも愚かでもない。しかし「今日は本音で行こう」と言った途端、本音が出ないことをわかりながらも、そう言ってみる。それもコミュニケーションの妙味だ。

本当に本音を聞きだそうと思うのなら一対一の場となる。

「今日は私と君の一対一だ。誰に聞かせるわけじゃない」

たとえ、そう言っても本音が簡単に聞きだせるわけではない。普通の会話を自然とする中で誘導したり刺激したりしているうちに思わず本音が飛び出すかもしれない。

ときにはわざと「君は何を言っているんだ！　そうじゃないだろう！」などと挑発してみる。人間はバカにされれば、頭がグルグルと回転して丁々発止の議論になる。その場しのぎのガス抜きやおためごかしではなく、会社を本当によくするという価値観を共有したところで初めて信頼関係が成立する。

イタリア・ルネサンス期の政治思想家ニッコロ・マキャベリ（一四六九〜一五二七年）は、主著『君主論』で、

「君主は愛されるよりも恐れられるほうが、はるかに安全である」

と記している。というのも、人間は利己的で偽善的であるため、たとえ従順であっても自分に利益がなくなれば反逆する。君主を恐れている人々はそのようなことはない。だから、君主のあり方としては、「信じすぎず、疑いすぎず、均衡した思慮と人間性をもって統治を行わなければならない」と述べている。

愛されかつ恐れられるリーダーをつくる「心」とは何か？　一言で言えば、それは「仁」という言葉になるのではないかと私は思う。マキャベリがいう「愛」やトルストイ（一八二八〜一九一〇年）の「博愛の精神」、つまり西洋的な意味での「愛」という言葉は個人的なものに近いように思う。

対して孔子が説く「仁」は儒教における五つの徳たる「五常」すなわち「仁・義・礼・智・信」の筆頭にくる。「仁」とは個人的な愛を超えた、広く社会や世界に対する愛であ

り、自己利益を超えた無私の愛である。「仁」という文字が表現している通り、二人以上の人間が助け合う。何千年という厳しい自然環境の中で育まれた人間の知恵の結晶だろう。良いときは上司がその果実を真っ先にもらって、悪いときに真っ先に逃げたら、部下には決して信用されない。「どんなに失敗しても、オレが後ろで支えてやるぞ」という気構えがなければ部下は付いてこない。会社が苦しいときは真っ先に苦しみ、順調なときは最後にいい思いをする。リーダーの「心」とはそういうものだろう。

経営者は人事権をはじめとする権力を持っている。それは会社を第一に考えて行使しなければならない。経営者ならば、たとえ自分が死んでも「会社は永遠なり」と会社の生き残りを選ぶだろう。

ところが社員はそうはいかない。会社が沈没しても自分が助かることを選ぶほうが圧倒的に多いと思う。そのことは批判できない。経営者はもし自分が社員の立場ならどういう選択をするか、もし自分が若かったらどう振る舞うかを考えて、部下たちを評価しなければいけない。

私が社長になったときは、社員の待遇をいかに改善するか、いかに職場を働きやすくするかを最後の判断基準として結論を出した。弱者の側に立つ。それは私の生涯を支える信念でもあり、そのためなら職を賭《と》す覚悟があった。

■社長ＯＢの給料制を全廃

伊藤忠が赤字を計上し、無配を二年続けたとき、私は現役を退いた社長ＯＢの給料支払いを七十五歳で打ち切ることを決めた。

伊藤忠は歴代社長の給料を亡くなるまで支払い、黒塗りの高級車を用意していた。入院しようが海外旅行しようが、それは支払われ続けた。社員はそんな事実を知らないし、私自身知らなかった。

もともと社長は現役時代に多くの給料をもらっている。会社の非常時に「冗談ではない」と思った。おカネに関わることは透明度を高くして、きちんと対応する必要がある。私は社長ＯＢの給料支払いと高級車使用の一括廃止を宣言した。

当然、ＯＢからは大反発されて、私はその矢面に立つことになった。

「給料撤廃なんてことをされては、私のこれからの人生設計が狂う」

「これからの人生設計ですか？　若い人のほうが、これからの人生、ずっと長いのですよ。それも彼らの定年は七十五歳どころか六十歳です。我々は彼らの人生も考えなければいけません」

私としては「あなたの会社人生はもう終わっているんですよ」と言いたかったが、さすがにそこまでは言えない。

「まことに申し訳ありません。しかしみなさんには役員として充分な報酬をお渡ししていたはずです。現在の会社の置かれた状況を考えれば、これまで通り続けるわけにはいきません。若い社員たちの給料が上がらずに苦しんでいるときに、何もしていないOBに彼ら以上の給料を支払うことなど許されません。もしどうしてもおいやならば、これまで通り差し上げます。その代わり私の代からは一切やめることに致します」

「社長がそこまでやるのに、自分がもらうわけにはいかないが……」

「そうですか、ご理解、まことにありがとうございます」

ほうぼうから「即座に撤廃すると、明日の生活が」と言われ、結局、七十五歳過ぎの先輩の方々には五年間猶予することで落着した。「貯金があるはずだ」と言いたかったが、そこまで追及すると逆効果になる。

きっとOBは「今度の社長は我々の人生をどう考えているのか」などと私を批判していたに違いない。しかし瀬島さんは途中で「社長がそこまでおっしゃるなら私も遠慮します」と自ら給料を辞退された。

上に立つ者は自ら矢面に立って苦言を呈さなければ部下の信任は得られない。これは役員報酬カットでどれほど赤字が減るかといったおカネの問題ではない。

トップが会社の危機を乗り越えるために自ら身を挺《てい》して臨んでいる。その覚悟と考え方を社員に示し、気迫と情熱を喚起する。それはおカネでは決して買えないものだ。私は今でも正しい選択だったと思っている。

■良いときは三分の一で悪いときは三倍

経営には精神革命という側面がある。リーダーはつねに部下の意識改革を促す必要がある。いかにして社員の気持ちを動かし、気持ちを変えるか。私は社員の気迫と情熱を引き出すことに心を砕いてきた。

人間は誰しも平穏無事に過ごしたい。しかし虎穴《こけつ》に入らずんば虎子を得ず。リスクを取らなければ時代を切り拓く仕事はできない。

社長時代、三千九百五十億円という不良資産を一括処理したとき、私は自分の給料を全額返上することにした。千六百三十億円の赤字を計上して無配となったけじめをつける意味だった。

給料全額返上は役員や社員の意識を変革するための一つの手段だった。意識を変えるためには、まず会社トップの覚悟を示さなければならない。

企業が不祥事を起こしたときなど、いまだに経営者が「年俸の三割カット」と言って胸を張っている。「三割減俸」でも「五割減俸」でも、社員の立場に立って考えれば、まったく見当違いだと思う。彼らはこう思うに違いない。

「三割カットして七千万円の年収？　社長は一億円も給料をもらっているのか」

「年俸五千万円？　三割カットしても三千五百万円もあるじゃないか。おれは一千万円ももらってないぞ」

「給料カットしても黒塗りの高級車で送り迎えか」

社員ばかりか世間にそう思われれば、給料カットの意味はない。実際に三割カットしても生活に困るわけではないだろう。

人間は残酷な動物である。給料全額返上だと言っても「おれはもう給料ゼロだ」と言って、ニコニコ元気な顔をしていれば妙に憎らしくなる。ところが、相手ががっくり肩を落とし、尾羽打ち枯らしていれば同情を寄せる。現金なものである。

「良いときは三分の一。悪いときは三倍」

私の人生哲学である。うれしがるときは三分の一にしておく。パチパチと拍手されたら、「まあまあ勘弁してください」と喜ぶのは三分の一。報奨金を一千万円くれるなら、「三百万円でけっこうです」と三分の一ほど受け取る。

逆に間違いをおかして謝るときは、自分が十分と思う程度の三倍は謝らなければならない。そのまま「ごめんなさい」では「謝ってすむと思うな」と世間は許してくれない。「申し訳ありません」と加えても「まだ足りない」。

三倍謝って初めて「なるほど反省しているな。そこまでやるのなら、もういいだろう」と許してくれる。さらには「エライ」とまで言われる。物事はそういうものだ。

人間はいつの時代も妬みや憎しみを抱えた生き物だ。そういう度し難い感情を抱えた生き物に対して自分の気持ちを正しく伝えるためには相応の配慮が求められる。

給料を全額返上しても生活はどうにかなると考えていたが、少しだけ困った。というのは、収入ゼロでも前年の所得で決まる税金は支払わなくてはならなかったからだ。

突然の決定だったから、私はワイフにも給料返上の件は黙っていた。新聞記者が自宅に取材に来てワイフがお茶を持ってきたときに、

「丹羽さん、給料は全部なくなったんですか？」

と聞いてきた。

「それぐらいは当たり前です」

と私が答えると、ワイフは驚いて、

「えっ？　給料もうないんですか？」

「えっ？　奥さん、ご存知ないんですか？」

まったく気の利かない記者だと思ったが、後の祭り。翌月になったら、

「あなた、税金はどうするの？」

「税金は貯金から払え」

「貯金って急に言われても困ります」

「それじゃしょうがない。会社から借金だ」

ということで、経理に「給料をもらうまで税金分だけ立て替えておいてくれ」とお願いしてやりくりした。会社の業績は急速に上向いたため、実際には無給期間は三カ月で終わった。

第三章　世界を知る——思考力と想像力を鍛える

■エロ本を読破した子ども時代

人は読書によって磨かれる。読書によって論理的な思考力と想像力を養うことができる。この章では、私はどんなふうにして読書から力を汲《く》み出してきたかをお話ししたい。

私の実家は名古屋《なごや》市内で町唯一の小さな本屋を営んでいた。当時、「本屋さんの息子」といえば、お行儀がよくて模範生でなければならなかった。本屋の息子が悪いことをしでかすと大騒ぎになる。親としては娘の縁談に差し障るといった雰囲気になるのである。

だから幼いころ、母親は周りの悪ガキ連中と遊ばせてくれなかった。ビー玉も草野球も知らなかった。だから仕方なく私は本を読み始めた。家が本屋なので子ども向けから成人専用まで、いくらでも読み放題だった。

最初は漫画。それから野口英世《のぐちひでよ》やシュバイツァーらの偉人伝や英雄伝、子どもに向けた『世界少年少女文学全集』などを手当たり次第に読んでいった。

アレクサンドル・デュマ（一八〇二～一八七〇年）の『三銃士』や、バーネット夫人（一八四九～一九二四年）の『小公子』『小公女』を読んだときの血湧き肉躍るワクワクした気分は今も忘れられない。

子ども向けの物語を支配しているのは、「ウソをついてはいけない」とか「親や先生の言うことをよく聞く」といった基本的道徳である。

実際、私は両親、教師の言うことを素直に聞き、小学校のときは六年間全優の優等生、中学校では学級委員をやる模範生でもあった。知能指数検査では中学校全体でナンバーワン。職業適性テストではすべての職業に向いているという結果だった。

もしかしたら、この「いい子」の鬱屈《うっくつ》が大学に入った途端、学生運動というかたちで爆発したのかもしれない。

さて、『小公子』は貧乏な少年が一躍イギリスの貴族の子になる夢物語である。『小公女』もやはり最後はハッピーエンド。偉人伝、英雄伝における成功物語は、あるいは敗戦でつらい体験をした戦後の子どもたちにとって、あこがれの世界を提供する役割を果たしていたのかもしれない。

性に目覚めるころには、書棚に並んだエロ本を読み始めた。成人向け雑誌とか官能小説とか、いろいろ呼び方はあるが、格好を付けてもつまりはエロ本だ。

大人向けの雑誌「夫婦生活」や、古代ローマの詩人オウィディウスによる性愛指南書『アルス・アマトリア』などは、発禁になって警察が回収に来る前に目を通した。だから小中学生時代は周りの子よりは相当ませていたと思う。

■負けん気と闘争心の源泉

中学時代、下村湖人《しもむらこじん》（一八四四〜一九五五年）の『次郎物語』には寝食を忘れて読みふけった。次男坊の主人公がいじめや苦難を経て成長していく物語である。私も五人兄弟の二番目だったから、主人公に心を重ねて涙を流しながら物語世界に浸った。母親が二階にいる私に「ご飯よ」と呼んでも、なかなか下りて行かなかった。

私が子どものころに読んだ本の思想的なバックボーンは、圧倒的にヒューマニズムだった。『次郎物語』は里子に出された著者の自伝的要素が強く、社会の矛盾に苦しんで哀れな生活を送る人々がリアルに描かれていた。

弱きを助けて強きをくじく。私の負けん気と闘争心、あるいは弱者に対する同情は、そうした小学校高学年から中学生のころの読書体験が大きなベースになっている。

教科のなかでは世界史がとくに好きだった。試験用に歴史的事実の年代を覚えるのではなく、時とともに動いていく歴史を人間が営む一つのストーリーとして読んだ。歴史の変遷に対して「いつ」「どこで」よりも、「なぜ」「どのようにして」という疑問が次々に湧き、知的好奇心が刺激された。

もう一つ好きだったのは数学だった。数学は法律に似ている。ルールが厳然とあり、そのルールさえ覚えれば、あとはその応用によって確実に解答が導き出される。ある一定のルールに基づいて解いていくことが得意だったのだ。

■偉人伝はあまり信用できない

振り返れば、私は小中学生のころから日本人の偉人伝に大きな関心を持っていた。

「なるほど人間はこういうことをやって偉くなるのか」

「人はこういうふうに生きなければならないのか」

批判も何もなく、白紙の状態で偉人の立身出世物語を受け入れていた。

ところが、年齢を重ねて高校生、大学生になってくると、偉人伝はどうやら必ずしもすべてが事実というわけではないとわかってくる。作者の創作が入り込み、主人公は事実以上に立派な人間に仕立て上げられている。

もちろん、立派な人物、尊敬に値する人間はいるが、現実の世界は本の世界とは違って、むしろ善悪同居して相矛盾した人のほうが多い。さまざまな本に触れることで、世の中は理屈通りにはいかないことがわかってきた。

いったい人間とは何者なのか。大学に入ってしばらくすると、その問いはますます深まるばかりだった。

中学・高校で『日本文学全集』『世界文学全集』といった文学を読破して、大学時代は、ロマン・ロラン（一八六六～一九四四年）の『ジャン・クリストフ』や『魅せられたる魂』、マハトマ・ガンジーの『ガンジー自叙伝』、福澤諭吉《ふくざわゆきち》（一八三五～一九〇一年）の『学問のすゝめ』などに感動した。

私の学生時代は、ちょうど六〇年安保の時期に当たる。学生運動をしていた私は、論争に負けないよう理論武装するために、政治学や経済学、西洋思想史に関する書物を読んでいた。それは講義とはかかわりなく、言ってみれば必要に迫られた読書だった。

とくに印象に残ったのは、イギリスの歴史学者E・H・カー（一八九二～一九八二年）の『ロシア革命』、大月書店の『レーニン選集』『マルクス＝エンゲルス選集』は全巻そろえた。

あるいはイギリスのジャーナリスト・歴史研究者アイザック・ドイッチャー（一九〇七～一九六七年）の『武装せる予言者・トロツキー』は、悪戦苦闘、なんとか原書で読んだ。

政治学者、丸山眞男《まるやままさお》（一九一四〜一九九六年）の『現代政治の思想と行動』。トルストイの『アンナ・カレーニナ』『戦争と平和』はむさぼるように読んだ。

アドルフ・ヒトラー（一八八九〜一九四五年）の『我が闘争』からは、あの独裁者がいかにして生まれ、ナチスの思想を持つに至ったかが生々しく伝わってきた。

ヒトラーはアウトバーンや武器工場など公共投資に巨額の資金を注ぎ込み、貧しい労働者を優遇して拍手喝采《かっさい》を得ながら独裁者になった。いくら自分が正しいと考えて行動しても、大衆の支持を得なければ人は動かない。大衆の支持を得るには弱者の味方をする。ヒトラーは自らが出世して独裁権を得るためにさまざまな公共政策を実践した。民族主義者だったヒトラーは独裁を楽しみ、それがもっとも邪悪な方向に向かったのである。

私の読書傾向は、社会・政治関係の本に向かった。大学の先生が読んでいない本にも目を通し、政治学の理論を現実に生起する生の政治に当てはめて考えた。だから試験勉強をしなくても成績はよかった。

私が子どものころから読んできた数々の偉人伝は、さまざまな読書体験によって相対化された。だから自伝や回顧録といったたぐいの本はあまり信用しなくなった。その手の本を見た途端、内容に偽りありと思ってしまう。なぜなら人間はえてして自らを美化するものだからだ。自分のことを褒めたたえはしても、おとしめて書く人は例外的である。その傾向は歳をとればとるほど強くなる。なぜなら、もはや取り返しのつかない自分の人生を否定したくないからだ。

この本もそうなってはいけないと自戒しながら書いているが、虚栄心が頭をもたげているようだ（未熟者め！）。

本当は格好悪くて人には言えないような出来事、倫理観が問われるような後ろめたい経験こそ読むに値する。そこでどういう心の葛藤《かっとう》があったのか、それをどう乗り越えたのかを読者は知りたいのだ。しかしほとんどの自伝にそんなことは記されていない。

■反吐が出るまで徹底的に読む

活字離れが叫ばれて久しい。「どんな本から読めばいいかわからない」という声もあれば、「若いころにもっと本を読んでおけばよかった」という声も聞く。

しかし、本はいつから読んでも遅すぎるということはない。考え方ひとつで、いくらでも本との付き合い方を深めることができる。

これまでの経験から私がもっとも勧める読書法は、とにかく自分が好きな本を読みたいだけ読むことだ。どんな本でもいい。自分が興味ある分野を選ぶ。そして好きな本は中途半端なことをせず徹底的に読む。

みんなが薦める名著を読んでも、自分にとって面白くなければ、それは苦痛以外の何ものでもない。頭には入らないし、身にもつかない。時間の無駄だ。最初からトルストイの『人生論』を読んでも、難しくて挫折《ざせつ》するだけだろう。それによって読書は苦痛だ、つまらないと思ってしまったら元も子もない。

新聞広告で有名人の「感動した。多くの人に読んでほしい」といった推薦文、あるいは出版社の「〇〇の百冊」といったキャンペーンをよく見かける。

だが有名人が薦めているから読む、世の多くの人が褒めているから読む、といった態度では、結局は長続きしない。えてして「読まされている」ことになりがちだからだ。読書を続けるには、自身の好奇心のおもむくままに読むことが何よりも肝要だと心得てほしい。

たとえば私の薦める本を読んだからといって経営者になれるとは限らない。この本を読めば偉くなるという本はない。そのときどきに食指が動く、知的好奇心を満たすような本こそが「最適」の本である。

知的好奇心を満たすというのは、のどが渇いたときに心が欲しがるまま水を飲むようなもので、ごくごくと飲んで体にそのまま吸収される。

もし漫画が好きなら百冊ぐらい買ってきて、机に並べて片っ端から読む。学校の勉強なんかほったらかして読む。エロ本を読みたいなら、本屋に並ぶエロ本を端から端まで買ってくる。店員に変な目で見られても気にする必要はない。

中途半端にチョコチョコと読むからいけない。くる日もくる日も、もう反吐《へど》が出るほど読み続ける。徹底的にやったらしまいに飽きて、やがてそれが苦痛になる。

私が小中学生でエロ本をいやになるぐらい読んだときは、自分で官能小説をいくらでも書けると思った。高校時代に中国・四大奇書の古典といわれる明《みん》代の長編小説『金瓶梅《きんぺいばい》』を読んでみたら、これはまぎれもなくエロ本だった。毎回、同じような情欲ストーリーには飽き飽きしたが、しかしそれも読んでみなければわからないことだ。

大学に入ったら、家の書店に商品として送られてくる「平凡パンチ」や「週刊アサヒ芸能」といった週刊誌を毎週のように二十冊ほど、何カ月も読み続けた。やはり「これくらいなら自分でも想像力を働かせればいくらでも書ける」と思った。以来、そういう週刊誌には一冊も手を伸ばさなくなった。

過ぎたるは及ばざるがごとし。物事というのは、なんでもそういうものだ。タバコも一晩で五箱を吸って気持ちが悪くなり、のどから胃がそのまま飛び出すような思いをした。タバコはいかにひどい嗜好品《しこう》であるかがわかって、以来、タバコは二度と吸わないと心に決めて実践した。

■ゴルフ本を百冊読んで上達

好きな本は反吐が出るほど読んで、早くに卒業して次の本に移る。そうしているうちに、本当に自分の糧になる本に至る。本当の読書は必ず自分の養分になる。

反吐が出るほど徹底的に読んだけれども、いやにならなかった——としたら、それはあなたがその分野において才能を伸ばす可能性を持っているということだ。

自分に引きつけて言えば、私は政治・経済の本をいくら読んでも飽きが来ない。次から次に疑問が出てきて、読むたびに未知の領域に分け入っていくような興奮と発見がある。私はそちらの分野に向いているということだろう。

ところが、「芸術新潮」で絵画論を読んでも楽しめない。造形や建築の本を読んでも面白くない。自分はそちらの分野では才能がないということがわかった。

私は今でも読みたいと思う本は手当たり次第に読む。私のゴルフ上達法も手当たり次第の読書だった。ゴルフにハマったのは、アメリカ駐在時代だった。プロについて練習していたが、なかなか上達しない。帰国してからはゴルフ場に行く時間もなくなってしまった。そこで考え方を切り替えた。

ゴルフはきわめて科学的、理論的なスポーツだ。両足のラインをこうすれば確実にフックする。両肩のラインをこうして打てば確実にスライスする――。

「ゴルフは体で覚えるものだ」と言っても、素人は「こういうところに注意してやらなければいけない」ということをまず頭に叩《たた》き込まなければ上達しない。どこに気を付けて打てばいいかという理屈を納得すると、あっという間に上達する。そこで読書で徹底的に理論から攻めて技術を習得しようと考えた。

では尾崎将司《おざきまさし》や青木功《あおきいさお》などプロ中のプロが書いた教則本を読めば上達するかといえば、そうともいえない。むしろ、私の場合はほとんどうまくならなかった。

なぜならプロの彼らとアマチュアの私たちでは体力も筋力もケタ違いだからだ。そういうことが何十冊も読んでいくうちにわかってくる。

バンカーの打ち込み方も、プロはスピードが違うからバンと打ち込めばビューッと出ていくが、素人が打ち込んだ程度ではヘッドはズサッと砂に入って球は出てこない。それも理屈を考えればわかることだ。

百冊以上読んで、どの本にも共通するエッセンスだけを実践したら、私はシングルプレーヤーになった。

■雑草も大木も濫読せよ

ドイツの哲学者ショーペンハウエル（一七八八〜一八六〇年）は彼の読書論『読書について』で、「娯楽のための読書は雑草を育てているようなものだ」と書いている。「雑草は麦の養分を奪い、麦を枯らす。すなわち悪書は、読者の金と時間と注意力を奪い取るのである」と。

娯楽のための読書は砂浜に描かれた足跡みたいなもので、風がすーっと吹いたら消えてしまう。栄養にも何にもならない。太い幹をつくろうと思ったら、絶えず考えながら読むことだという。

確かに読書でしか得られないものに論理的な思考力がある。物事を掘り下げて考える力や、本質をとらえる力は読書をすることでこそ培われる。考えながら読書をしている人と、そうでない人は思考の仕方に違いが生じ、二十年ほど経つと、その差は歴然としてくる。

ショーペンハウエルは「読書とは他人にものを考えてもらうことである」とも言っている。ただ読むだけなら、これだけ簡単なことはない。他人に問題提起をしてもらい、他人に答えを教えてもらうなら誰でもできる。自分で考える読書が本当の読書だという。だから娯楽のための読書は雑草を育てるようなもので、時間とお金と労力の無駄というわけである。

なるほど一理はあるが、私は心の癒《いや》しのための読書もあるし、楽しみのための読書も大切だと思う。

私は会社に入ってから二、三年は剣豪小説にはまり、吉川英治《よしかわえいじ》（一八九二〜一九六二年）の『宮本武蔵《みやもとむさし》』『新・平家物語』、後年は塩野七生《しおのななみ》の『ローマ人の物語』なども楽しい時間だった。

娯楽でも何でも濫読していく中で、それが太い幹を作るきっかけになったり、その幹を支える根っこになったりする。その中からこれはと思うものを精読し、大木に栄養を与える読書をすればいい。

雑草も大木も読まなければいけない。雑草と思った中に大木に育つものがあるかもしれない。雑草ばかりでもだめだし、大木ばかりでもやはりだめだろう。

好きなテーマの本に行き当たれば、巻末の参考文献から面白そうな本を選んで、テーマ的に関連する書籍を続けて読んでいく。もし絶版になっていれば、図書館に問い合わせ、古書店街で探す。最近はインターネットを使って図書館の蔵書や古書を検索できるから便利だ。

■良書よりも「面白そうな」本

本は人から与えられるのではなく、自分から読むものだ。

自宅の書斎に父親の本がいっぱいあるとする。では子どもは本好きになるかと言えば、これがならない。むしろ男の子なら親父の書斎にエロ本を見つけ「親父はこんなものを読んでいるのか」と隠れて読んでみることが意外と面白かったりする。

学校から帰宅したら、すぐにまた読みたくなる。続きがどうなっているか知りたくなる。ご飯を食べるよりも読みたい。ご飯はいつも同じだが本は違う。そのワクワク感が読書に対する興味をもたらすのである。

だから親が考える良書を読ませるのではなく、大事なのは本人が「面白そうだな」と思うかどうか。そのためには子どもを本屋に連れていき、まず子どもが「これ、面白そう」

と漫画の本を読んでいるなら、どんどん買って与えればいい。

もしあなたに小さなお子さんがいるのなら、子どもを寝かせる時に本を読んでもいい。幼いときから本に親しませ、本に触れる雰囲気を作ってあげることだ。

本好きの読者なら経験があると思う。学校で試験があるときに限って本を読みたくなる。これから試験勉強をやるというときに一時間だけちょっと自分の好きな本を読みたいと思う。すると一時間が二時間になって、結局、試験勉強の時間がなくなってしまう。私はそんな経験をたびたびした。

私が大学入試に受かっていちばんうれしかったのは、とにかく自分の好きな本が好きなだけ読めるということだった。

高校時代、新聞部の活動に入れ込んで、ろくに受験勉強をしなかったため大学受験に落ちた。予備校時代は電車の中で、長塚節《ながつかたかし》（一八七九〜一九一五年）の『土』、志賀直哉《しがなおや》（一八八三〜一九七一年）の『暗夜行路』、倉田百三《くらたひやくぞう》（一八九一〜一九四三年）の『出家とその弟子』を読む程度だった。

大学の合格発表を見に行って合格を確認した直後、そのまま本屋に直行し、小説を四、五冊買って、電車の中で読み始めた。至福のときだった。立ったまま乗り過ごしてしまうくらいにずっと読みふけった。

会社に入ってからは、米国のジャーナリスト、デイヴィッド・ハルバースタム（一九三四〜二〇〇七年）の『メディアの権力』、その後はオルテガ・イ・ガセットの『大衆の反逆』、ドイツの文化哲学者オスヴァルト・シュペングラー（一八八〇〜一九三六年）の『西洋の没落』、フランスの文化人類学者クロード・レヴィ＝ストロース（一九〇八〜二〇〇九年）の『悲しき熱帯』に感動した。

さらに年齢を重ねていくと、イギリスの歴史学者キース・ジェンキンズの『歴史を考えなおす』、あるいはトルストイの『人生論』。アダム・スミスの『道徳感情論』やマックス・ウェーバーの『職業としての学問』は今でも時々読み返す。

海外出張に行くときの楽しみは飛行機の中の読書だ。そこでは自由に本を読める。新幹線に乗るときも可能な限り一人で行動し、誰にも邪魔されずに読書の時間を確保する。

出張のときに何よりも気をつけるのは眼鏡を忘れないことと、本を持っていくことだ。予想外に早く読み終えて、ほかに読む本がないときは「ああ、もう一冊用意しておくべきだった」と何とも残念な気持ちになる。

睡眠時間を削ることもしばしばだ。とくに面白い本に出会ったときは、もう少し、あともう少しと睡眠時間が侵食されていく。

自宅を郊外に求めて電車通勤していたのも、通勤途中に本が読めるからだった。始点の駅を選べば朝は絶対に座ることができる。本を読む時間をできるだけ長く確保するために私鉄沿線で一番遠い駅を探していたら、不動産屋に珍しがられた。ただ、途中で路線が延びて始発駅ではなくなったのは計算外だった。

■読みたい本はすぐに読め

本は時代や年齢ごとに感激するものが異なり、タイミングを逃すとまったく感激しないことがある。中学時代だからこそ感激する本もあれば、大人にならなければ理解できない本もある。

アダム・スミスの『国富論』は、若いときに読んだ印象と今とでは、心に刻まれるものが違う。たとえば「国難のときの愚策は、国を滅ぼす」という文言。豊かなときは、たとえ愚策であっても「馬鹿なことをやっているな」というだけで済む。

しかし国難に直面しているとき、愚策は国の存亡にかかわる。「馬鹿なこと」と笑って済ませることはできない。学生のころなら読み飛ばした箇所だろう。しかし、国政に関心を抱いている今だからこそ、そういう文章に目が行く。

逆にいま、トルストイの『戦争と平和』を読んでもおそらく感激しないのではないか。私が大学時代に読んだときは、世の中にまだ戦争のイメージがあった。そのタイミングで読んだからこそ、本の世界が染み入ってきたのだと思う。

だから「後で読もう」などと思ってはいけない。先に取っておこうなどと考えていたら、次から次に読みたい本が出てきて、結局、読むべき時機を逸してしまう。読みたい本は今、読んだほうがいい。読書も経営も事態を先送りしていいことはない。

好き嫌いとは別の判断基準として、本はまず自分が理解できるくらいに読みやすいものから選ぶことだ。「尊敬する人が薦めているから」「名著として名高いから」と無理して難しい本を読んでも、自分が理解できなければ意味はない。

読み始めて途中でつまらないと思ったら、さっさと見切りをつけたほうがいい。最後まで読みきろうという考えは持たなくていい。

読書の蓄積では人後に落ちないと自負する私でも、二十冊に一冊くらいの割合で失敗することがある。私の場合、書店に出向いて、ある程度内容を確認してから買うことはもちろんあるが、タイトルに興味をひかれ、新聞や雑誌の書評などで内容を確認して購入する場合も多い。

期待してページをめくったところ、二、三ページ読んで、すっかり失望させられることもある。第一章を読み終えないうちに、これはダメだと思う。ところが試しに飛ばして第四章を読んで、意外と面白いこともあるから一概には言えない。

経験上、外国の作品で読みづらいものは翻訳が悪いケースがほとんどだ。原書に当たってみると、スッと頭に入ることは少なくない。

読んで眠くなるようならば、それは本の出来が悪いか、翻訳が悪いのか、自分の関心事ではなかったということだろう。いずれにしても、つまらないと感じたり、頭に入らなかったりする場合は潔くあきらめて、次の作品に移ったほうが賢明だ。

■わからない本に付き合う必要はない

しかし実をいえば、私は学生時代まで、そういう「潔い」本の読み方をしていなかった。名著の誉れ高い西田《にしだ》幾多《きた》郎《ろう》（一八七〇～一九四五年）の哲学書『善の研究』を何度か読んだが、いくら読んでも理解できなかった。

紹介文には「真の実在とは何か、善とは何か、宗教とは、神とは何か。主観と客観が分かたれる前の『純粋経験』を手がかりに、人間存在に関する根本的な問いを考え抜いた西田幾多郎。東洋の伝統を踏まえ、西洋的思考の枠組自体をも考察対象とした本書は、以後百余年、日本の哲学の座標軸であり続ける」（岩波文庫版）などと書かれている。

「読書百遍、意自《おの》ずから通ず」と言うから、本当に百回読んでやろうと思ったが、二回目、三回目でもすぐに眠りに落ちてしまう。若くて純真だった当時、理解できないのは自分の頭が悪いせいだと思っていた。

ところが、多くの本に接するうちに、あるいは人生経験を積むうちに、あくまで一般論としてだが、悪いのは自分の頭ばかりではなく、書いた当人にも問題があるのではないかと考えるようになった。すなわち、わかりにくいのは書いた本人が実はわかっていないのではないか。たとえわかっていたとしても、それをわかりやすく伝える技術と配慮に欠けているのではないか——。

そんなふうに考えて、途中で無理して読み通すことをやめるようになった。思えば多くの時間を浪費した。

古典をみんなが「名著」と呼ぶ。みんな、本当に理解して「名著」と呼んでいるのだろうか。本当はみんなわからないまま、「名著」と呼んでいるのではないか。いや、わからないからこそ「名著」だと思っているのかもしれない。

もちろん、読み手の理解力が及ばないことはままある。こうした見方をあまり強調すると、初心者が「わからないのは著者が悪い」と信じ込み、読み始めた途端に投げ出してしまうという弊害もあるだろう。

しかし総じて言えば、ある程度の読書家であれば、読んでわかりが悪いときは、たいてい翻訳が悪いか、著者も十分理解していないことが多い。それにいちいちお付き合いする必要はない。

日々の仕事に追われていると、活字中毒の私でも年に百冊は読めなくなった。残された寿命を考えると、読める本の数は限られている。そう考えると、無益な本に付き合っている暇などない。

■傍線を引いてノートに書き写す

私は中学校のころから、新聞の興味ある経済・政治の記事の見出しを毎日、書き写していた。誰からも命じられることなく、いつの間にか自分で始めていた。

そこには、まず好奇心があった。世界では日々、さまざまなことが起きている。放っておけば、右から左に通り過ぎ、ほとんど記憶に残らない。しかし見出しだけでも書き写すことで、知らず知らずのうちに頭の中に情報とイメージが入っていった。たとえそれが断片的な情報でも、頭の片隅に残っていると、政治経済に関わる書物を読むときにたいへん役に立つ。

この作業を通じて私は「記録する」ということが、いかに大切かを知った。だから高校に入学して新聞部に入ったのは、ごく自然のなりゆきだった。

この習慣はやがて、本を読む際に威力を発揮するようになった。

まず、本を読みながら、心に刻まれた言葉、興味深いデータ、印象に残ったり重要だと感じたりした箇所などがあれば傍線を引く。「ここはこういうふうに考えればいいのではないか」というコメントをメモする。

過去の人口データならば、ある程度の数字が自分のノートに記してある。学者ではないから、細かな数字の違いは気にしなくていい。七十一億五千万の人口が七十一億七千万だからと言って世界が変わるわけではない。どうせ推定だから、どこかで間違っている。「だいたい七十二億人」で十分だ。

それ以上のことを知りたければ、今はインターネットで情報を簡単に速く仕入れることができる。今から情報をストックするのなら、パソコンに政治、経済、社会、科学、文化などとジャンルを大きく分類して蓄積すればいい。

私の場合は、一冊読み終わるごとに、もう一回、傍線を引いた箇所や自分が書いたメモを読み返す。そのうち「これは重要」「忘れないほうがいい」と思ったものは別途、ノートに書き写す。この「自分の字で書く」という行為が大事だ。切って挟むだけでは忘れてしまう。

この作業は週末にまとめてやってもいい。これをやらない限り次の本を読まないことにする。次を早く読みたいから早く済ませることになる。

放っておくと人間は怠惰に走る。「必要になったときに本を引っ張り出せばいいや」となる。しかし実際はその箇所が見つからないことが多いし、そもそも本そのものをどこにしまったかさえわからなくなる。さらに読んだ記憶はあるが、どの本かがわからないこともある。これまで本棚をすべてひっくり返して往生したことが何度かあった。

本は処分しなければ増える一方なので、私は処分する。処分すると、もう読めないので重要な部分だけは書き写す。そうすれば一冊がノート一ページに収まる。

本をきれいに扱おうとしてはいけない。読み終わったら古書店に売ろうなどというケチな考えは起こさないことだ。遠慮せずにどんどん傍線を引き、付箋《ふせん》を付け、余白にメモして、本を汚していけばいい。これは今も続けている作業である。

どんどん増える本を私はどんどん処分した。学生時代からのものは全集以外、アメリカへの赴任前にほとんど整理した。帰国後も増える一方で処分せざるを得ない。

以前、蔵書を古書店に持っていったことがある。量り売りで二束三文だ。涙が出るほど悲しかった。とはいえ重い思いをして持ってきて、このまま持って帰っても置く場所がない。泣く泣く売って、もうこれから本を売るのはやめようと思った。

中国大使時代は、自宅の書斎にある蔵書のうちレーニンやマルクス、毛沢東《もうたくとう》の全集、『共同研究　転向』や日本共産党の政治論集、アメリカの関連本などを日本から大使館経由で送らせた。いざというときは、日本大使館の図書室に寄贈しようと考えていた。

蔵書は後生大事に保管していても、どうせ死んだときには家族も処分に困る。本というものは関心がなければ、もらってもただの紙の束だ。

それらを北京外国語大学から「ぜひいただきたい」と請われて、すべて北京日本学研究センターに寄贈した。「丹羽文庫」というコーナーを設けてもらって、そこに私の蔵書が並んでいる。

■書き写しノートにおける発見

この「書き写しノート」は書きっぱなしでは、もったいない。新たに書き込んでいるときに、ついでに他のページをめくっていく。すると時々、発見がある。

「ここに書いてある情報は、別のデータでこちらにもあるな」「この事象とこの事象の比較は、これまで誰もやったことがないのではないか」。そんなふうに気づくことは少なくない。それらは講演やスピーチなどの素材にもなる。

これまでノート五冊、三十年分以上の覚え書きがたまっている。年代によって自分が心動かされる対象は異なる。ノートを繰れば「三十代のころ、自分はこんなことに感動していたのか」「四十代はこんな一文が琴線に触れたのか」と振り返ることができる。

たとえば二〇〇二年のノートの冒頭は、「透析患者二十八万人。年に一万人増加」と書いてある。出処はどこかわからない。

中国の各王朝の期間も記している。最長は唐の二百八十九年。次の清《しん》と明がいずれも二百七十六年。唐、明、清はあまり変わらない。以下、後漢《ごかん》が百九十五年。前漢《ぜんかん》と後漢を合わせれば約四百年。つまり、中国には三百年以上続いた王朝はないということだ。

縄文時代の死亡年齢は三十一歳。一九〇〇年の日本の平均寿命は四十四〜四十五歳だそうだ。「合羽《かっぱ》」の語源は「カパ」というポルトガル語だと書き記している。人間には七つの知能があるという。言語的知能・論理数学的知能・音楽的知能・身体運動的知能・空間的知能・対人的知能・内省的知能。ノートを見れば、私の頭の構造がわかってしまう。

もっと若いときにノートへの書き写しを始めれば、さらに面白いものになったに違いない。今見たら「こんなことも知らなかったのか」「こんなことに関心があったのか」と驚くだろう。そこには自分が生きた時代も反映してくるはずだ。あるいはユニークな自分史ができるかもしれない。

ノートとは別に、私は日記を二種類付けている。その一つは日々の感想をつづったものであり、もう一つは事実だけを淡々と記した十年日誌である。もう二十年以上付けているが、それを見ると、十年間だいたい同じような人に会って、同じようなことをしていることがわかる。人間がいかに進歩しないかをあらためて知る。

毎日、日記を二つ書き、メールの返事を書き、寝る前に三十分読書する。面倒といえば面倒だが、続けているとこれをやらずには眠れなくなる。

ただし、以上はあくまで私のやり方である。他人の方法をそのまま真似しても、自分が面倒に思えば結局は続かない。これがベストという方法はない。最も簡便で、すぐにでも実行可能な方法をそれぞれ自分なりに考えたほうがいい。

一つだけ忠告すると、あまりきれいに整えようとしないことだ。「清い水に魚は棲《す》まない」というように、形をビシッと整えてやろうとすると、面倒になって逆に長続きしない。ゴチャゴチャでもいいから続ける方法がいい。世の中はところどころゴミが落ちていて、抜けたところがあったほうが健全ではないか。

■雑誌一冊を読み通す情報収集法

私は毎週必ず一冊の経済誌を隅から隅まで読むことにしている。「週刊エコノミスト」はもう半世紀近く読みつづけている。かつては岩波書店の月刊誌「世界」と「思想」も愛読していたが、アメリカ駐在になったのを機に二誌からは遠ざかった。しかし「週刊エコノミスト」だけは日本から取り寄せ続けた。

経済以外の分野では、文化・芸術、スポーツ、娯楽を含めた読み物が収録されている月刊総合誌「文藝春秋」をリラックスして読む。いったん読み始めると、特集から編集後記までくまなく目を通す。

そこには、その週、その月に世の中で起きた問題のエッセンスが詰まっている。その出版社の持つ重要な情報を編集者がいかに切り取り、提示しようとしているか、その全体像がわかるのである。

つまみ食いしたのでは自分が好きな分野の情報しか入ってこない。だから、タレントのエッセーから経済学者が書いた理論的論考まで、いかにくだらないなと思っても、あるいはいかに読むのに骨が折れても読み通す。

一つの雑誌を継続して読み続ける理由は、まず情報収集である。長期にわたって同じ雑誌を通して読むことで、世の中に流通する情報はだいたい網羅できる。あるいは世の中の人々が考えていることの傾向が把握できる。最近の若者、女性の好みや傾向といった直接自分に関係のない情報も入ってきて、相当な情報量が蓄積できる。

海外のメディアには、新聞と週刊誌にそれぞれ一つずつ目を通している。日本のメディアが伝えない情報が掲載されており、多角的な視点が確保できる。これは精読せずに主に自分の関心がある記事だけを拾い読みする。

雑誌の精読は最初の一カ月は苦しい思いをするかもしれない。しかし一年も続けると、毎朝顔を洗わなければすっきりしないのと同じように、週刊誌を読み終わらなければ、その週が終わらないような感覚になっていく。

必ず読み終える習慣をつけるために有効なのは、締め切りをつくることである。来週は仕事の関係で読む時間がないから週末に終わらせてしまおうというように自分を追い込めば、忙しくても時間をつくろうという気になるものだ。

私は毎日欠かさず読書を続けてきた。夜、寝床に就く前に、少なくとも三十分は必ず読書をする。そんな生活を続けてもう四十年近くなる。

仕事柄、宴席に呼ばれる機会も多い。しかしどんなに酒を飲んだあとでも必ず本を読む。そう言うと多くは驚くけれど、要は酔いが醒《さ》めてしまうくらい面白い本を手に取れば読書は続く。むしろ面白すぎて、つい睡眠不足になってしまうから翌日は大変である。

読書のペースは通常ならば一週間に一冊。しかし老化現象か、最近はこれも難しくなってきた。以前は通勤時間を利用して週三冊のペースで読んでいたが、目に悪いのでやめた。買った本は読み終わらなければ本棚には入れない。だからベッドの上には常時、三、四冊の本が並んでいる。

■読む前にまず目次を眺める

論理的にものを考えるための訓練は読書以外にはない、と私は信じている。だから自分にとって役に立つと思った本は、今もじっくり考えながら読む。

「考えながら読む」ことをはっきり意識するようになったのは、アメリカ駐在時代に頼まれて原稿を書くという経験をしてからである。

日本経済新聞からの依頼で、シカゴの穀物取引の状況やアメリカの農業事情について寄稿するようになった。NBCなどのテレビ取材に英語で応じたこともあった。

九年間の駐在中はアメリカの農場を車で実地に見て回り、穀物メジャーとの太いパイプもできた。それが認められ、帰国後も一介の課長であったにもかかわらず、専門誌などの原稿や講演の依頼が舞い込むようになった。

自分の考えを披瀝《ひれき》して多くの人々に理解してもらうためには、基になる情報も大事だが、話の組み立て方や考え方、体系付けが必要になる。そのためには論理的な思考が不可欠になる。

とくに経営者の立場にある者は、論理的にものを考える習慣を身につけなければならない。もちろん感覚的な要素が求められる場合もあるが、物事を論理的に組み立てていく作業は、一つのプロジェクトを進めていくプロセスと似ている。経営戦略を立て、実行に移すときにも論理的思考能力は必須《ひっす》である。

とくに私がいた商社の場合、過去のデータや経験則に基づく情報分析はあまり参考にならないことが多い。

経済情勢はその時々の〝場〟に相当な違いがあるため、分析の方法もその都度変えざるを得ない。ほかのあらゆる事象についても同様で、国や地域によっても、対象となる顧客によっても、結果は違ってくる。

また同じ情報を得ても、ビジネスチャンスに生かせる人とそうでない人がいる。その違いは個人の感応度、センシビリティーの違いから生まれるもので、日ごろから本や雑誌を読み込んで多くの情報に接して集積している人は、一つの単語なりキーワードをキャッチしたときに、それに関わる情報が頭にずらずらと出てくる。それがビジネスに生きる。

そのとき、新聞記事の構成要素「５Ｗ１Ｈ」が非常に重要になる。いつ（When）、どこで（Where）、だれが（Who）、なにを（What）、なぜ（Why）、どのように（How）。

それぞれのプランに対して「それをやる主体は誰か」「いつ、どこでやるのか」「なぜ、どのようにしてそう考えるのか」。新聞記者が訓練しているのと同じように、論理的な突き詰めが経営者にもつねに求められる。

人間の生まれつきの能力は大して変わりがないが、普段の訓練の有無で大きな差が生じてくるのである。普段の訓練とは、読書の仕方に関わる。私は本を読むとき、最大の興味は「著者はどういう論理でこの本を書こうとしているのか」にある。

それを知るために、本を手にすると、本文を読む前にまず目次をじっくり眺める。しばらくの間、目次とにらめっこしながら、この著者が何を言いたいのか、どのような論理構成で言いたいことをまとめているのかを考察する。

おいしいものがあってもすぐにパクつかないで、まずゆっくりと俯瞰《ふかん》するのである。その後、おもむろにページをめくっていく。

そうすると、作品の筋書きや著者の論理構成をあらかじめ理解できるため、本文を読むときに中身が頭に入りやすいし、読むスピードが格段にアップする。

つねに著者の視点がどこにあるかを考えながら読むと、自分の考えとちょっと違うな、もうちょっとこの本はここを突いたらいいのに、自分だったらここを付け加えるな、というところが見えてくる。途中で筆が鈍ってしまい、無駄な記述が入るときもある。論旨から明らかに外れている箇所は飛ばして読めばいい。

著者は一冊の本を書き上げるために、膨大な時間を費やしている。そこには相当に練り上げられた思考方法が展開されている。それをなんとなく目を通すだけでは読書の果実を十分に吸収したことにはならない。

いつもそれほど格好よくできるわけではないが、だいたいそのようにやっている。参考になれば幸いだ。

■読書で喜び悲しみが深くなる

読書は「心の自由広場」である。読書によって、私たちは古今東西、世界中の著者と時間と空間を超えて「対話」ができる。読書以外ではできないことだろう。

「今から十九世紀のロシアに生きたトルストイとちょっと話をしてきます」

もちろん、それは直接的ではないし、一方向の「対話」ではあるが、私たちはトルストイが全身全霊を傾けた言葉を聞くことができる。あるいは、その時代の生活にすっぽり入り込み、未知の世界を仮想的に体験できる。

ドストエフスキー（一八二一～一八八一年）の時代、ロシアの人々はどういう生活をしていたか、当時のヨーロッパはどんな時代だったか。私たちはその時代、その地域に行くことはできないが、本を読むことで疑似体験し、知見とイメージを得ることができる。

こんなにワクワクする体験がほかにあるだろうか。

一人が一生に体験できることの数から言えば、人間は誰しもそう変わらない。私の体験が量や質において同年代の人と比べて抜きんでているとは思わない。

たとえば学生運動の体験ならば、私には体験していない人に比べるとある。しかし、それは経験豊富であることを意味しない。私が学生運動をやっているとき、他の学生は女性の部屋に出入りしていたかもしれない。その意味で彼は私の体験していないことをしている。学生運動と女性関係、体験としてどちらが上だとは言えない。

一方、女性関係で体験できる以上の知識を、私は本を通して吸収しているかもしれない。想像上の「体験」は豊富とも言える。

つまり、本を読むと、自分の限られた体験だけではなく、いつの時代にもどこにでも自由に想像力を羽ばたかせてバーチャルな体験ができる。自分が経験していないことも、あたかも経験したかのように学ぶことができる。あるいは自分が経験して抱いていた漠とした感覚が、先人たちの経験と結びついて普遍化される。

前述したように、私は幼少時代に『次郎物語』を読んでいるとき、主人公と一体となって喜怒哀楽を味わった。私は主人公の次郎のように里子に出されたことも、それゆえの差別に遭ったこともないが、その悲しみと惨めさをかみしめた。

読書の最大の効用は、自分の感情や感性が豊かになることである。喜怒哀楽の彫りが深くなり、感動や感激がより大きくなる。泣き方ひとつにしても、嗚咽《おえつ》するとか大声をあげて泣くとか感情の幅が広がる。それが人生を深く耕すのである。

感情が豊かになるということは、想像力がたくましくなり、他者に共感する力が強まるということだ。科学をするにしても音楽やスポーツを志すにしても、何をやるにおいても想像力の豊かさは大切な資質だろう。

■想像力が欠如した経営は致命的

人間は自分の世界をベースにしてしか、ものを考えることができない動物だ。それが人間の想像力の限界である。

アフリカを訪れた日本人は、日本の環境をベースにしてアフリカ人を眺め、「アフリカ人は不衛生だ」と見なす。しかし、彼らは生まれたときから、その環境で過ごしてきた。そこには日本人の持つ不衛生という観念はない。

同じように、日本人が中国の統治を考えるとき、人口が中国の十分の一しかない民主主義国家の状況をベースにして思い描いてしまう。

人間の想像力はたかが知れている。しかし、この想像力を広げる唯一にして最大の方法が読書だと思う。

歴史的な展望と地球大の視野は、さまざまな本を読んで想像力を働かせることで育むことができる。想像力を働かせるには、専門分野にとどまらず、一見関係のない芸術やスポーツなどあらゆる分野にも関心を持つことだ。そして関心をそのまま放置せず、その都度、それに関する本を読む。そうすることで想像力が培われる。

企業の経営にとっても想像力は必須のものだ。経営には時代、環境の変化に応じて社会がどこに向かうか、それが会社にとってどういう意味を持つかイメージすることが求められる。原発事故が象徴的だが、想像力が欠如した会社経営は致命的となる。

想像力がなければ、仕事において新しいものを作り出す知恵が生まれてこない。

たとえばメーカーで経営に長《た》けたトップに限って、技術者出身でありながら仕事に無関係の本を驚くほど読んでいる。小説や歴史書に限らず、経済・社会に関する読書量は圧倒的だ。だから彼らはそれぞれの経営哲学を持っている。

彼らは技術者としてだけではなく、技術世界を変革したりメーカーをリードしたりするための感性や直感を読書によって鍛えてきたのだと思う。

ひところは週刊誌とスポーツ新聞しか読まないという経営者がたくさんいた。しかし、それでは論理的な思考力はどんどん衰退し、想像力が涸《か》れていく。大衆のねたみやひがみが満載で、人間の中の「動物の血」をより刺激して、他人の不幸を見て喜ぶ人間になってしまいかねない。十年読み続けていたら思考能力が衰えてしまうのではないか。

そういう〝週刊誌脳〟を持った人が増えれば人間力どころの話ではない。新しい仕事の仕組みづくりやビジョン、戦略的な思考ができなくなって、部下の判断を拾い上げることに終始してしまう。

やはり経営者と部下の判断は、そのポジションの責任や視野の広さからいって異なる。知識の豊かさ、感情の豊かさとともに、相手の立場に立って考えなければならない。そのためには共感する力と想像力が必要となる。読書のない人生を送ると、一人前の大人として成熟するのは難しいと思う。

ではインターネットはどうか。インターネットは断片的な知識を得るのには適しているかもしれないが、それを活用する想像力がなければ大した役には立たない。

みんなが本を読まなくなり、デジタル情報による活字摂取量がどんどん増えているが、インターネットで育った人間が、どういう形で自分の心に刻むようなものを個人として残していけるかは未知数だ。

単に読んで情報を得るだけのことであれば、インターネットで十分だろう。その利便性は革命的でさえある。しかしインターネットで育った子どもは、紙の文化で育ってきた人間に比べて何かが欠落し、どこかがおかしくなるのではないかという気がする。

何がどうおかしくなるかはわからない。世の中において永遠にベストの薬がないのと同じように、インターネットもベストの薬ではない。インターネットやスマホの便利さ、面白さにおぼれると、どこかで副作用が出てくるのではないか。どんなおいしいものでも、食べ過ぎれば体を壊す。

第四章　時代を知る――窓を開けて世界を見よ

■努力という意識なく優勝した辻井伸行さん

人間の遺伝子は比喩《ひゆ》的にいえば三十億の文字でできている。そのうち人間の個体間の差は、わずか〇・一パーセント。九九・九パーセントは同じ遺伝子情報を持っているという。

ヨーロッパ人もアフリカ人も日本人も遺伝子的には〇・一パーセントの差しかない。では、人によって能力に差が出るのは、すべて〇・一パーセントの遺伝子の違いのせいだろうか。

〇・一パーセントの遺伝子の例として私がよく出すのが、ヴァン・クライバーン国際ピアノコンクールで優勝したピアニストの辻井伸行《つじいのぶゆき》さんである。一緒に食事をしたとき、辻井さんのお母さんに話を聞くと、視覚障害がある辻井さんは「音楽を聴くうちに自然とピアノを弾き始めた」という。

彼には楽譜も鍵盤《けんばん》も見えない。けれども音楽を奏でている。それで「この子には特別な才能があるのではないか」と思ったそうだ。

辻井さん自身は努力してピアノを弾いたとか、練習をつらいと感じたことなどはまったくないという。彼の言葉に私は驚かされた。

「みなさんは、もともと目が見える人が見えなくなったら大変だという思いで僕のことを考えるでしょう。でも僕は最初から見えないんです。見えない世界が自分の世界です。だから見えないことは全然大変ではないんです」

人間は自分の世界をベースにしてしかものを考えることができない生き物だ。ものが見える人間は、おしなべて「辻井さんは目が見えなくて大変だ」という言い方をする。ところが、「見えない世界」しか知らない辻井さんにとっては微塵《みじん》もその感覚はないようだ。

私たちは努力の結果としてピアノを自在に弾きこなす辻井さんを想像するが、辻井さん自身は「僕にとっては努力でも何でもなく、ただピアノを弾くことが楽しいだけ」と言う。

彼はピアノを、楽譜を見ながら弾くものとは思っていない。音楽は音符という記号を通さずに彼の中で直接響いている。それが彼には自然な世界なのである。

三十億の遺伝子の例でいえば、辻井さんはおそらく〇・一パーセントという個体差の中の一つの能力を持っている。私たちと同じ九九・九パーセントとは別のところで能力を開花させた。

辻井さんのように突出した遺伝子情報を持っている人間はほんの一握りだ。遺伝子が宿す能力と実際にやっていることがピタッと合ったときに限って、その能力は発現するのではないだろうか。

■「好き」なら飽くなき努力を続けよ

学校でずば抜けて成績優秀な生徒がいる。私たちは彼が生まれつき頭がよくて、頭のいい両親のもとに生まれたのだろうと考えがちだ。しかし遺伝子の九九・九パーセントは同じ。遺伝子における能力の差は誤差の範囲でしかない。

では他人との差があるとしたら、それは何だろう。

それは努力の差である。持っている能力の差ではない。

私に言わせれば、人の能力にほとんど差はない。それでも勉強や仕事に差が出るのは努力したからだ。もしあなたよりもできる人がいるとすれば、彼はあなたの何倍も努力している。自分が劣っていると思うのなら、今の何倍か勉強するしかない。

精一杯やって、その結果、「やっぱり自分には能力がない」と言うのならわかるが、努力も何もせずに人よりも優れた能力を発揮できるなどということは、この世の中にはないと思ったほうがいい。

連続日本一を達成した京都《きょうと》大学アメフト部の水野《みずの》弥《や》一《いち》元監督は、

「人間の肉体と技術には限界があるが、心には限界がない」と話していた。「一生懸命」には限りがないのだ。

あなたが一生懸命努力したら、イチローのようになれるか。それはわからない。イチローは特別の能力を持っていると思うが、イチローがどれだけ練習を繰り返したか、あなたは知らない。

あなたは毎日五時間練習して「努力した」と言うが、イチローは十時間やったかもしれない。あなたが十五時間練習してイチローのようになれなかったとき、初めて「努力したが、イチローのようになれなかった」と言える。しかし、その努力を続けたのは、五年間なのか、それとも十年間なのかによってまた違う。

自分が本来持っている能力と努力がぴったり一致したとき、その能力は十全に発揮される。しかし、普通の人間が自分の能力にピタリと合ったものをみつけるのは難しい。能力はみずからの中に隠れている。

それを見つける方法はひとつしかない。

それは「好き」かどうかではないだろうか。

一つのことを続けてやっていると、ふつうは必ず飽きがくる。そこには、あなた独自の能力はない。ところが官能小説をいくら読んでも飽きない。相変わらず好きだ。あなたはもしかしたら官能小説家に向いているかもしれない。

だから私は繰り返し言う。いつまでも好きで飽きない、続けることができる。そんな対象を見つけたら、飽くなき努力を続けることだ。他人からどう思われようがかまわない。あなたはそれが「好き」なのだから。

好きなものが見つからない場合は努力を怠らないことだ。今やっていることが他人よりも劣っているとすれば、それは努力の差でしかない。家庭に恵まれない、上司が悪い、などと他人のせいにしても何も始まらない。

私たち普通の人間がやるべきことは努力を継続することだ。継続した努力こそが、過去何千年と続く先祖から受け継いだＤＮＡが花開く道であり、ＤＮＡのランプに灯をともす方法である。

このランプは明日つくかもしれない。一年後かもしれない。今努力をやめれば、明日つくはずだったランプは永遠にともらない。だから人間は一日たりとも努力を怠ることなく、死ぬまで努力しなければならない。

巨人監督だった川上哲治さんも同じことを言っていた。倒れてもまだやる。三昧《ざんまい》境の境地に入るまで努力する。それで初めて「ボールが止まった」ように見える。プロの選手でも、それだけの努力をして初めて能力が開花するのだ。

■トマ・ピケティの資本主義論

私が高校で講演するときに、このDNAの話は生徒たちに強い印象を残すようだ。ちょっとグレたような男子生徒たちも静かに耳を傾けている姿が見受けられる。

彼らも向上したいとは思っている。しかし、どうやって向上すればいいかわからない。そして自分はどうせダメだとあきらめている。

学校の成績だけに限って言えば、私たちの時代は、田舎の学校でも生徒が百人いれば一人や二人は必ず優秀な生徒がいて有名大学に進学したものだ。しかし私が講演をした高校には、そういう生徒が少なかったようだ。

講演後、校長先生にその理由を聞くと、中学から偏差値によって入学する高校が学校群として振り分けられるという。

「でも自分が入った高校で努力する生徒がそれぞれ一人や二人はいるでしょう？」

「生徒全員がついてこられるように、教師も授業の難易度を下に合わせているんです」

そんな答えが返ってきた。だからどの学校でも、飛びぬけて優秀な生徒が出てこない。飛びぬけるには、学校が終わった後に、有名私塾や通信教育でそれぞれが独自に学ばない限り無理だという。これは高校に限らず、中学校からすでにそういう傾向があるという。

私は唖然《あぜん》とした。教育レベルを下に合わせるのは、平等という名の不平等である。そんなことをしていたら、ダメな学校はどんどんダメになる。これは教育制度を根底から見直さなければならないと思った。

二十一世紀の日本の教育は、フランスの経済学者トマ・ピケティが『21世紀の資本』で示している状況に陥っている。

ピケティは各国における二百年以上の膨大な資産や所得のデータを分析し、資本主義社会では必然的に格差が広がり固定することを実証した。国際的な論議を呼び、日本語版で七百ページを超す大著だが、各国でベストセラーとなっている。

たとえば両親の経済力が子どもの大学進学率を左右する。ハーバード大学に行く学生の親は所得上位の二パーセント圏内。東大の学生もその傾向はほとんど変わらないと東大教授から聞いたことがある。つまり金持ちでなければ一流大学に行けない社会になっている。

富裕層の子どもは塾に通って偏差値を上げ、一流大学、一流企業へと進む。一方、低所得者層は授業料の支払いさえおぼつかない。日本では今や子どもの六人に一人がそうした貧困状態にある。

子どもらにとって偏差値は大人が思う以上に切実な指標だ。子どもたちはそう感じている。偉人伝など自分には一切関係がない、いくら努力しても本の中の偉人にはなれないだろう、自分の能力では到底無理だ──。

子どものころから先が見えてしまい、「どうせ勉強してもここまでだろう」「どうせ働いてもこの程度だろう」と将来に対する希望を失って、努力することもなくあきらめている。日本社会のなかで、若者たちに元気がないのはわからないではないなと感じた。

■資本主義下では格差が広がる

これと同じようなことが、大学と企業の間でも起きている。

私は現在、グローバルビジネス学会の会長をしている。中小企業の経営者が今、いちばん困っているのは、自分たち中小企業が有する技術が世界にどの程度通用するのか、最先端を走っているのか、あるいは後塵《こうじん》を拝しているのか、まったくわからないという点だ。

その理由を聞くと、中小企業と大学・研究所との交流が途絶えているからだという。個人的な資質や人脈で大学と交流を持てるような人材は中小企業にはほとんどいない。

調べてみると、いわゆる一流大学は大手企業以外の企業とほとんど付き合っていないことがわかった。

というのも、大手企業の技術者は一流大学出身で、情報や人材の交流は出身大学関係が中心となる。逆に中小企業の技術者が付き合うのは、その中小企業へ入ってくる大学の研究室となる。そうすると、教育における学校群と同じで、大企業群、中小企業群の棲《す》み分けが固定化されてくるのである。

私は知り合いの一流大学の先端科学技術センターに電話してみた。

「中小企業がそう言って困っているんだから、あなた方ももう少し社会との接点を広く持ってはどうですか。それが大学の仕事でしょう」

「それはそうですが、大企業との付き合いが忙しくて、中小企業にまで手が回らないのです」

「では中小企業はどうすればいいんですか」

「中小企業との接点ならば、中小企業に近い大学の先生と話してください」

要するに、一流大学の研究者は、多くの中小企業と交流する時間も余裕もないということだった。

これもまた格差社会の固定化である。ピケティが検証した二百年間のデータを見なくても、目の前の現実社会を見れば成熟した資本主義社会の病弊は簡単に理解できる。

政治、経済、社会、あらゆる領域で同様の現象は起きている。皇族や貴族が同じグループで付き合い、上流階級の閨閥《けいばつ》を形成していたかつての日本のようである。あるいは中国共産党の幹部が、幹部グループ内で交流するのにも似ている。貧乏人はいつまでたっても貧乏人、そんな世界である。

かつての日本はもっと世の中がフェアで、競争して努力すれば必ず上に上がっていける時代があった。ところが資本主義が発達するに従って、格差社会があらゆる分野で成立してきている。

■あくまでもベターな社会科学の世界

つまりは資本主義社会という本来、自由競争のシステムが、いつの間にか悪平等を強いる社会を生み出してきた。悪平等は社会の進歩・発展の障害になる。

格差そのものが悪いわけではない。資本主義社会である限り、仲良く手をつないでゴールなどということはあり得ない。努力した者がそうでない者に比べて手にするものが多いのは当たり前のことだ。

ただ、今は結果ではなく、機会の平等が失われつつある。貧困層から富裕層へ、低偏差値校から高偏差値校へ、非正規群から正規群へ、それぞれ抜け出すチャンスが失われ、格差が固定化することが社会から活力を奪っているのである。

資本主義の基礎となる民主主義は必ずしもすべてにわたってベストな制度ではない。いや、すべてにわたってベストな制度は社会には存在しない。

これは私の持論でもあるが、社会科学が対象とする世界はあくまでもベターな選択であり、これが絶対的な真実というベストな世界はない。社会科学の世界は自然科学と異なり、1＋1が3になったり0になったりもする。言い換えれば、社会というものは必ずいいところもあれば悪いところもあるということである。

社会主義がいいのか、資本主義がいいのか。現段階ではアメリカン・デモクラシーが一応ベターな体制として世界に認知されている。これは超大国のアメリカの覇権が「平和」を形づくる「パクス・アメリカーナ」の世界を意味してもいる。

しかし、それは一方で数々の困難な課題に直面していることでもあり、一触即発ともいえる現代の世界政治、経済情勢を見れば明らかだろう。

■中間層の崩壊は日本経済を根底から崩す

資本主義が成熟してくると、格差社会が生まれる。上流階級は上流階級で固まり、中流階級はなかなか上流階級に入れず、むしろ下流階級へと流れ始めている。一方、下流階級は下流の学校や会社にしか入れず、だんだん階級が固定化して差別化が進む。

人間がみずから差別化をつくりだすのは、そのほうが楽だからだ。たとえば一流企業は自動的に一流企業に入る人間の層があれば手間が省ける。上から下まで混在している中から自社に適合する優秀な人材を選別するのはコストがかかって仕方がない。採用する側の論理で言えば、できるだけ楽に採用したい。

となると、かつて企業は就活学生に部活動やアルバイトなど課外活動での成果をいろいろと尋ねて人間力を診断したものだが、今や大学の成績に重きをおいて判断するようになっている。

企業や大学の関係者に話を聞いてみると、学生も企業の成績重視に周到な対応をしている。企業は徐々に成績を伸ばしている学生を「伸びしろがある」と判断する傾向があるため一、二年生のころはあえて低めの成績に抑え、四年生に最上位の評価を得るよう成績を「調整」するという。そうなると、大学生も成績優先で大学生活を送ることになる。

私に言わせれば、大学で勉強ばかりしているようではろくな人間にならない。成績に直結するテキストだけを読むのではなく、興味のおもむくままにさまざまな本に触れ、さまざまな友人とつき合い、幅広い教養を身につけてこそ社会に通用する人材の基礎ができる。世の中が人間の成長と成熟を抑えるようになっているのだ。

政治の世界でも、できるだけ軋轢《あつれき》や闘争を起こさずに楽にやろうと思えば、自分の仲間ばかりを集めたグループだけで内閣や官邸チームをつくることになる。メディアの記者も大企業ばかりを相手にするようになり、中小企業はどんどんステージから転げ落ちていく。

派遣労働者の就業条件を定めた労働者派遣法を見ると、「労働者のため」と謳《うた》いながら使用者の論理に覆われている。都合のいい理屈をつけて、できるだけ残業代なしに長く働かせて、要らなくなったら使い捨てにできるようになっている。

一度、非正規社員になったら正規社員にはなかなか這《は》い上がれない。すると教育現場の学校群のように、労働市場が正規群と非正規群に分断される。そのうち〝非正規村〟ができるのではないか。

今、日本で起こっていることは、経営者層が金持ちで労働者が貧乏人という二極分化ではない。労働者間で起きている二極分化である。どのデータを取ってみても、貧しいものはますます貧しくなり、両者の格差は広がり固定化しているし、今後さらに進むだろう。

かつて日本人の九割が中流意識を持っていた。一九六〇年代半ばから一九七五年までの十年間を見ると、中小企業も大企業もともに毎年、給料は名目で平均一五～一六パーセント上がっている。これによって内需が喚起されて経済が発展し、「ジャパン・アズ・ナンバーワン」と呼ばれる繁栄の礎となった。

七〇年代の第一次・第二次オイルショック、八五年のプラザ合意、八七年のルーブル合意を経て、円高で一ドル三百円だった為替は百二十円ほどに上がった。それからデフレに陥ったとき、大企業の社員の給料だけが上がり、中小企業は据え置きの時代が続いた。

一九八三年から二〇一三年までの三十年間で被雇用者は一千三百万人増えているが、そのほとんどが非正規社員である。その結果、非正規社員数は戦後初めて二千万人を超えた。今や全体の三分の一以上が非正規社員だ。

非正規社員の年収は二百万円前後が圧倒的に多く、しかも給料は上がっていない。つまり低賃金人口だけが増えている。そして低賃金の仕事ばかり求人倍率が高く、高給職はほとんど増えていない。だからますます格差が開く。富の分裂によって、日本が戦後、国家を挙げて厚みを持たせてきた中間層の崩壊が進んでいるのである。

日本の技術力は厚い中間層によって支えられてきた。中間層が厚みを増すことで需要がつくられ、消費者の厳しい目が技術や産業の発展を促してきた。技術立国ニッポンを支えてきた中間層の崩壊は日本経済を根底から崩しつつある。

格差を推し進める価値観と制度が極端に進展していくと、差別化が進んだ奴隷社会のようになり、底辺は家畜のように働かされるようになるだろう。何やら時計の針が逆戻りしているようだ。十八世紀の産業革命期、労働者が搾取され、それが暴動や革命を生み、修正資本主義へと移行し——という歴史の逆回転。

格差の固定化は、間違いなくこれからの日本を衰退させる元凶になる。もちろん、これは日本だけの傾向ではない。二〇一四年のＯＥＣＤ（経済協力開発機構）の調査では、アメリカをはじめイギリス、カナダなど先進諸国で軒並み格差が拡大している。

たとえば、米国民間調査会社ピュー・リサーチ・センターによれば、二〇〇八年、自分は中流階級と答えた米国民は五三パーセントだったが、二〇一四年には四四パーセントにまで低下した。また自分は下流階級と答えた人は二五パーセントから四〇パーセントへと大幅に増加している。

さらなる問題は、格差拡大が社会の活力を奪うだけではなく、社会の安定をも奪っていくということである。

■屈辱が生み出す過激派テロ

ドイツ強制収容所の体験を記した『夜と霧』の著者として知られる精神科医のV・E・フランクル（一九〇五～一九九七年）は、『宿命を超えて、自己を超えて』で次のようなことを述べている。

「現代人は劣等感に悩んでいるのではなく、人生の無意味という世界的な集団神経症にかかっている。自分が実現できる課題が見つかると精神が安定する」

また、マハトマ・ガンジーは書いている。

「テロリズムは貧困から生ずるというより、自尊心の欠如という屈辱より生まれる」

ガンジーの時代と現代は全く違う。しかしその言葉には時代と地域を超えた普遍性がある。

現在、世界を震撼《しんかん》させているのはイスラム過激派によるテロである。二〇一五年一月、パリの風刺週刊紙本社がイスラム過激派に襲撃されて十二人が殺害された。風刺週刊紙「シャルリー・エブド」はイスラム教の預言者ムハンマドを題材にした風刺画をたびたび掲載し、イスラム教徒の反発を招き、抗議デモも繰り広げられていた。

風刺の矛先は権力であって弱者を嘲笑《ちょうしょう》してはいけない。弱者を見下し笑うのは侮蔑《ぶべつ》であり、それは憎しみしか生まない。過激派テロの根底には現実生活における屈辱感があり、風刺は嘲笑によってそれに拍車をかける。

テロは許されない。しかしテロでしか表現できないように追い詰めた社会も同時に問われなければならない。

フランスは第二次大戦以降、労働力不足を補うため旧植民地マグレブを中心に大勢のイスラム系移民を動員した。低賃金で働かされた移民は当初フランス語も話せず、就職差別をはじめとするさまざまな差別を受けた。

移民二世、三世の時代になると、現体制に対して高まる不満は先鋭化していった。一方で、不況による雇用不安の原因を移民に求める社会からは移民排斥運動が高まり、ムスリム（イスラム教徒）の孤立はいっそう進んだ。

イスラム系移民の失業率は高く、十五～二十四歳では二〇パーセントを超える。郊外の移民居住区等ZUSと呼ばれる都市区域では十五～二十九歳の失業率は四五パーセント、移民ゲットー（ghetto）に住む若者の五〇パーセント近くが無職である。

人間はとことん追い詰められた時どうするか。どんなに喚《わめ》いても叫んでも誰も聞いてくれない。どこで何をやれば自分たちの意思は表示できるか。公共施設に爆弾テロ、無差別テロを起こして初めて注目され、自分たちがそういう行動に及んだ理由を伝えることができる。「シャルリー・エブド」襲撃と一連の事件の犯人たちは、フランス生まれのアルジェリア系移民の子やマリ系移民の子だった。

テロに対して爆撃で報復するならば、残るのはやはり憎しみだけであり、暴力の連鎖は止められない。フランスはイスラム系移民に労働条件を含めて基本的な生活の保障を自国民と同じようにしなければ問題は解決しないだろう。

中国も少数民族に対して同様の困難を抱えている。独立や民族自決を唱えるチベット族やウイグル族の暴動や騒乱は絶えず発生し、これに対して中国政府は厳しく弾圧する一方で、制度面での優遇措置を講じてきた。

しかし優遇措置が行き過ぎると漢民族の不公平感が募り、一方で少数民族の権利意識が高まれば現在のような「二等国民」扱いに甘んじることはできなくなる。中国政府は少数民族に対してアメとムチの政策を使い分けながら、きわどいバランスを取っている。一つ間違えば、それは政権を根底から揺るがす火種となりかねない。

■自分たちにも降りかかる災難

二〇一四年五月、イスラエルのネタニヤフ首相が来日し、二〇一五年一月には安倍《あべ》首相がイスラエルを訪問し、両国の関係は急速に深まっている。経済連携や武器技術に関して意見交換し共同声明も発表した。反イスラエル勢力を敵に回すような政策であり、もう少し慎重に対処するのが当然の常識であろう。

イスラエルとパレスチナの抗争は数千年の歴史を持っている。日本はこれまで両勢力のいずれにも与《くみ》せずに関係を維持してきた。それが戦後七十年間、日本が平和を維持して国民の生命と生活を守る外交の知恵だった。

「テロと戦う」という言葉は勇ましい。しかし勇ましさの裏にはしばしば傲慢《ごうまん》が隠れている。人間の傲慢がどれだけの惨禍を人類にもたらしたかは歴史をひもとけば明らかだろう。

ヨーロッパ各国ではテロを警戒して祭りやイベントが次々に中止に追い込まれている。東京《とうきょう》マラソンでもテロへの厳重警戒が叫ばれた。テロが本格的に始まれば防御は難しいことを私たち自身はすでに知っている。

世界のここかしこで噴き上がっているテロや暴動だけではない。日本でも「誰でもいいから殺したかった」と言って他者を殺害する事件が相次いでいる。大人が子供を殺害する事件も後を絶たない。

これらにしても、私はガンジーが言った「自尊心の欠如という屈辱」に起因しているのではないかと思っている。人々が社会や周囲から疎外されていることを感じ、その領域や対象がじわじわと広がっている。その根底に格差の拡大が横たわっている。

■日本で進む知的衰退

危機をはらむ社会と併せて私が危機感を覚えるのは、そうした状況に対して誰も異を唱えない社会になっているということである。若者だけではない。社会全体に覇気や怒りのエネルギーが欠如している。

「何を言っても、世の中、変わらないだろう」と社会に向けた自分のドアを閉じて、内にこもる人がどんどん増えているように感じる。

私が日本の知的衰退をもっとも痛切に感じたのは、中国大使をしていたときだった。

中国大使就任の打診を私が引き受けたのは、急成長する中国十四億人の大市場に日本が参入できるよう国のために尽くしたいと考えたからだった。

私は伊藤忠時代から中国には取引上の関係も人脈もあった。商売になる鉱脈はいくらでもあると繰り返し訴えてはいたが、日本企業はなかなか進出していかなかった。だから大使時代、地方視察のときは必ず各業種の企業人や記者を同行し、経済交流の人脈をつなげるよう努めた。

しかし、立ちはだかったのは経済ではなく、政治の問題だった。

大使就任三カ月後の二〇一〇年九月、尖閣諸島沖で中国漁船と海上保安庁の巡視船の衝突事故が発生し、私はいきなり日中間の緊張関係に巻き込まれることになった。

二〇一二年四月に当時の石原慎太郎《いしはらしんたろう》都知事が、東京都による尖閣諸島の購入計画を発表したことで両国間の軋轢は一気に加速した。

中国各地で大規模な反日デモが発生し、暴徒による略奪行為にまで発展した。私が乗った公用車に掲げた国旗が奪われるという事件も起きた。

さらに九月、ロシアで開かれたAPEC後、中国の胡錦濤《こきんとう》国家主席が廊下で野田佳彦《のだよしひこ》総理に軽はずみな行動を取らないようクギを刺した二日後、日本政府が尖閣諸島の国有化を発表し、両国は抜き差しならない関係に陥った。中国国内の反日デモを激化させ、日系企業が襲われる事態を招くことになった。

そんなさなか、東京都の尖閣購入計画に対して、私が英紙のインタビューに「計画が実行されれば、日中関係に極めて深刻な危機をもたらす」と答えたことが日本に伝わると、日本中から「媚中派《びちゅう》」「親中派」「売国奴」などと批判の声が一斉に沸き起こった。

そこには嫉妬《しっと》ややっかみの感情も入り混じっていただろう。ある経済界のトップは公の席で「丹羽さんが大使になって伊藤忠のためにいろいろ動くから気を付けた方がいい」と話したことがあった。

なんと卑しい精神かと私は呆《あき》れた。伊藤忠に利するためなら私は会長のままでいたほうがいい。実際、大使在任中に日本企業の担当者を中国各地に同行したときも、私は伊藤忠を特別に同行させることはなかった。

私が中国大使を引き受けるときには、命を捨てる覚悟をした。日中間の軋轢の中で日本の現地の顔である大使は、もしかしたら命を奪われることがあるかもしれない。しかし国のために残された命を賭《と》してでもやろうと思った。私は大使館の部下に言ったものだった。

「あまり若いときに大使なんかやるな。命のほうが大事だよ」

人は自分のためだけでは生きていけない。自分の命以上に大事なものがある。

■権力に迎合するメディア

騒動を受けて、外務大臣は私の発言を打ち消し、野党からは私の更迭を求める声が上がった。外務省幹部は私に謝罪するよう求めたが、私は「冗談ではない」と突っぱねた。

私の発言で騒ぎが起きたと言うなら申し訳ないが、「尖閣を購入すれば中国が猛反発する」と現場からの警告を発しただけであり、「領土を譲れ」とは一度も言っていない。むしろ私は領土問題に関しては一ミリたりとも譲歩できないことを中国側に繰り返し訴えてきた。日中関係が危機に陥る事態がわかっているのだから、現場を代表する大使が政府に警告を発するのは当然の義務である。

一連の日本側の反応に、私は日本の知的衰退を思った。

私は尖閣購入計画に賛否を唱えているのではなく、時期を見計らうべきだと言ったに過ぎない。それは突飛な見解でも何でもなく、むしろ外交上の常識である。

私は自分の価値観だけは曲げてはいけないと考えていた。大使は日本という会社の一員みたいなものだから、都合が悪ければ罷免すればいい。しかし、まずいと思ったことはまずいと言わなければ、日本を間違った方向に進ませることになる。

ところが、学者や批評家、ジャーナリストらから、私の意見を代弁したり擁護したりする言論は出なかった。一方で日本の自宅には右翼から脅しの電話がかかってきた。

もっともショックだったのは、私の経済界や学界の知人が一言も言葉を発しなかったことだった。賛成とも反対とも言わない。これはやはり自己保身のなせる業だろうか。

日本のメディアは根拠もなく、あるいは誤った情報を基に私に批判的な記事を掲載した。

私は北京にある日本の各新聞社の総局長たちに会ったとき、尋ねたことがある。

「あなたたちは私と話しているときは、そうだそうだと賛成しながら、黙して記事にしないのはなぜか。私の意見や発言を紙面で批判するのなら、なぜ私に直接言わないのか」

すると、こういう答えが返ってきた。

「いや、私は大使の意見に賛成なのですが、そういった記事を書いても東京本社のデスクがボツにするんです」

本当かどうか知る由もないが、言い訳の一つとして聞くほかなかった。

私は失望した。つまりは中国側をおとしめてマイナスイメージを与えるような記事なら大きく取りあげられるが、逆に中国側を支持するような記事はボツにされるか小さく扱われるという。記者もわが身かわいさに本社に気に入られる記事を書こうとするのだろうか。

いかなるときも異論はあるだろう。むしろ全員賛成したら気持ち悪い。しかし時の権力や大衆の動きに迎合する意見ばかりがまかり通って、それに対しては誰も反対の声を上げない状況は不健全極まりない。

ある日、記者とお酒を飲んだときには、本社から「日本大使館の不祥事やトラブル情報を集めろ」という暗黙の指示があったとも聞いた。やはり驚き呆れた。

■「沈黙の螺旋」の恐怖

「沈黙の螺旋《らせん》」という言葉がある。ドイツの政治学者ノエル＝ノイマンが著書『沈黙の螺旋理論』の中で提唱した仮説で、同調を求める社会的圧力によって少数派が沈黙を余儀なくされていく過程を示したものである。

自分の意見は少数派だとわかった人は孤立を恐れて沈黙し、逆に自分が多数派だと知った人は声高に発言する。少数派が多数派に押されて意見を言いにくくなり、そのためさらに少数意見が軽視されていくという世論形成の悪循環のことを指す。

結果として、多数派の意見が実際よりも多くの人に支持されているように見えてしまう。

今の日本はこの状態に近いと思う。

日本社会は東西冷戦終結後の一九九〇年代から右傾化し、安倍総理の就任以降はそれが加速している。それ自体が良いか悪いかは別にして、保守、革新、リベラルなどさまざまな立場から意見を戦わせれば健全だが、最近はリベラルや革新に属する有識者がほとんど発言しなくなった。

ナショナリズムが高まる世の中の風潮に危機感を持っている人々は相当数いるはずだ。私が知る何人かの有識者について言えば、「この人は発言して当然ではないか」という局面でも発言しない。おそらく孤立と白眼視を恐れて口を閉ざしているのだろう。

そんな心の働きに陥ってしまうと、「沈黙の螺旋」を定着させてしまう。こんなときこそ勇気を持って発言することが有識者や知識人の本来の存在価値ではないか。

メディアも萎縮《いしゅく》している。私がたとえばテレビ出演するときも「どういう話をされますか？」と事前に探りを入れてくる。私は依頼されて出演するのであり、こちらから出たいと言っているわけではない。

それで言葉を丸める人もいれば、出演を見合わせる人もいる。だからメディア側の意を汲《く》む人でなければ、メディアに登場しなくなっていく。登場しなければ言論界から消えていく。だから、みんなが口を閉ざす。そのほうが得だし、誰かが言うだろうとも思っている。慣れればそれが普通になる。そうして沈黙の螺旋が続く。

そんな言論界の事情を私はある金融界のトップから聞いたのだが、私は彼に「そういうあなたにしても、何も発言していないではないか」と言った。すると彼は言った。

「私の立場からは、なかなか発言できない。すれば『元○○』がこういう発言をしたと大問題になる」

なるほどわかった。確かに地位ある人の発言はそれなりの波紋を呼ぶだろう。沈黙の理屈はそれぞれに持っている。そうして沈黙を正当化する。

第二次大戦前の日本の状況がそうだった。経済学者の中村隆英《なかむらたかふさ》著『昭和史』（上・下、東洋経済新報社）を読めば、それがよくわかる。戦争の原因は軍部の暴走ばかりではない。集団の中で責任感が欠如した形で政治上の意思決定がなされ、「アジアの解放」というスローガンのもと、社会全体が戦争開始に向かって進んでいく。良識を持った知識人さえ、その渦の中に巻き込まれていく。

現在の知の状況は当時に酷似している。

■富のしずくは滴り落ちてこない

経済の領域においても、本来ならば危機感を持って真実を語るべき経済学者が、時の政権に気を遣ってか、だんまりを決め込んでいる。

安倍政権はしきりに景気が回復しつつあると訴えているが、景気は決して良くはなっていない。高速道路を見ても昔に比べると、トラックをはじめ車全体が少なくなっている。

アベノミクスを掲げて鳴り物入りで発足した二度目の安倍政権も三年目に入り、アベノミクスが狙ったような「トリクルダウン効果」はもはや期待できないと言っていいだろう。富裕層を富ませれば貧困層にも自然に富のしずくが滴り落ちるというトリクルダウン論はアメリカのマクロ経済学者マネタリスト、ミルトン・フリードマン（一九一二〜二〇〇六年）の主著『資本主義と自由』の影響も受けた新自由主義経済学の代表的主張の一つだが、実は歴史的に実証例は少ない。

一九八〇年代、新自由主義政策を推進したアメリカのレーガン大統領とイギリスのサッチャー首相が取り入れて、高額所得者の所得税の大幅引き下げを実施し、結局は財政赤字の拡大に終わって失敗した。

この考え方は中国の改革開放政策を推進した指導者である鄧小平《とうしょうへい》の「富める者を先に富

ませよ」という「先富論」と同列である。それがやはり成功しなかったのは、現在の中国を悩ませている深刻な格差問題を見れば明らかだろう。

理由は簡単だ。金持ちは富のしずくがあれば自分で飲んでしまう。金持ちはケチだということをみんな知らなかったというわけである。

今の日本でもアベノミクスを二年間やっても富のしずくは滴り落ちていない。にもかかわらず反省もなく、引き続き富のしずくを待てという。

私は高額所得者の増税と官僚の人件費削減をはじめとする歳出カットで生まれた資金で中間層の税配分を見直す方が良案と思っている。でなければ日本の中枢を占める七〇パーセントの中間層が貧乏なまま格差が広がる。

安倍政権が決定した「消費増税引き延ばし」は二〇一四年十二月の総選挙でお墨付きを与えるかたちになったが、今できないことが一年半後にできる保証は何もない。これまでいやなことを先延ばしにして、良くなった例《ためし》がない。借金は一年半延ばしても増えるだけだ。

一年半後に経済が回復している保証はない。ドル高で新興国の貨幣が暴落して世界的な不況になっているかもしれない。となると、増税などとてもできないことになる。そうなれば、日本の国際的信用が地に堕《お》ちて、「日本売り」が始まらないとも限らない。

デフレ脱却を掲げて時の政権が企業に向けて、給料を二パーセント上げろ、三パーセント上げろというのも奇妙だ。国家資本主義ではあるまいし、政治家に言われて給料を上げるなど聞いたことがない。これに対して異を唱えず、唯々諾々と従う経済界もだらしないではないか。

「経済界は経済界で考えております。政治の世界に言われてできるものではありません。将来の経済の見通しも考えて我々が自ら判断します」

経団連なり商工会議所なり経済界の代表は、そう言葉を返すべきだろう。ここでもまた知的衰退は進んでいる。

■何度も繰り返すバブル崩壊

さらに深刻なのは日本の財政である。このまま行くと、本当に日本の財政破綻が現実となる。私が伊藤忠社長のころは、「日本の経済は絶壁に向かって車のアクセルを踏んでいるようなものだ」と比喩的に言っていた。

日本には二〇一四年現在で一千三百兆円以上の借金がある。国内総生産（ＧＤＰ）が五百兆円だから、ＧＤＰの少なくとも二倍以上に膨れ上がっている。毎分七千万円近く借金が増えていく。

国家の借金でいえば、中国はGDPの四一パーセントと言われている。二〇一五年のIMFのデータによると、アメリカは一〇五パーセント。ギリシャが一七七パーセント。日本は二四六パーセント。財政状況が最悪とされるギリシャよりも日本ははるかに借金が多いわけだ。

これから高齢化が進んで社会保障に力を入れれば、さらに借金は増える。絶壁に向かって加速するなか、片側の前輪が崖《がけ》から少しでもはみ出したら墜落する以外にない。日本が最悪、債務不履行に陥ったときに助けてくれるところはあるかもしれないが、決して当てにはできない。他国も大なり小なり財政状況は悪化しているからだ。

たとえばモルディブのように二十三億ドルほどのGDPなら、破綻しても全部買うことができるだろう。しかし、日本のように一千兆円以上になると、その大きな借金の塊を助けるのは容易ではない。それでも今の日本は、年収の十六倍以上の借金を抱える家庭で返す当ても未《いま》だないのに、金利ゼロでもさらに金を貸しますという銀行（日銀）があるということだから驚くほかない。

日本はこの危機的状況について真剣に向き合わなければならない。現在のような低金利状況でどうにか利益を上げようとすると、ハイリスクの投資に手を出さざるを得ない。

日本の公的年金積立の管理・運営をしている年金積立金管理運用独立行政法人（GPIF）は二〇一四年十一月、運用資産の構成割合の変更を発表した。すなわち、ハイリスク・ハイリターンとなる株式などのリスク資産の割合を増やすことにした。

株価が上がっているため、株に投資すれば儲《もう》かるのは当然だ。それではド素人の投資家がやっていることと変わらない。親方日の丸で、自分のお金ではないから無責任に運用できる。損すれば国民が負担して、ますます社会保障を削らざるを得ないことになる。

やはり人間は大人しくできないのだ。低金利状態で損をした体験がないから、何をやっても損をしないと思いこんでしまう。だから低金利状態ではリスクを冒したくなる。ギャンブルと一緒で、一度甘い汁を吸ってしまうとやみつきになってしまう。

日本だけではない。アメリカでは低所得者向けのサブプライムローンが復活している。二〇〇七年、アメリカでは住宅を購入するためのサブプライムローンが不良債権化し、リーマン・ショックを引き起こして世界金融危機に発展した。

今度の主役は自動車ローンだ。とりあえず低金利で買えるため、本来なら買えない車を購入して販売量が急増している。一方で自動車ローンの残高も急増しており、デフォルト

（債務不履行）のリスクが高まっている。つまりバブル崩壊が再来する可能性がある。

世界の経済はバブルとバブルの崩壊を繰り返してきたが、最近はその周期が十年も持たず、数年周期でやってくる。

これは企業についても同様だ。ちょっと儲かると、本来やらなくていいこと、やってはいけないことに手を出してしまう。そして失敗する。何度も同じ失敗を繰り返すのは、愚かな人間の性《さが》なのだろう。

国家に衰退と勃興《ぼっこう》のサイクルが歴史的にあるとすれば、繁栄を誇ったローマやギリシャ、イギリスが滅んだのは成長の可能性を見いだせなくなったからである。今後、日本の産業には成長の可能性を見いだせるだろうか。

■安逸を楽しむマイルドヤンキー

格差社会が進み、社会から活力が奪われる。知的衰退が進んで異論が唱えられなくなり、失敗や破綻に対する抑止力が失われる。

こうした傾向は時代とともに、ますます強まっている。考えてみれば、努力が否定されるような社会では向上心や競争心が育まれず、それに伴って知的・倫理的に劣化していくのは当然の理かもしれない。

講演などで若い世代に「何か知りたいことがあるか？」と聞いても、返事がない。覇気がなく、とりあえずの現状にとりあえず満足している。はやりの言葉でいえば、「マイルドヤンキー」だ。

普通のヤンキーはツッパリといわれるように反社会的、反体制的だが、マイルドヤンキーはとりあえず今ある生活に満足している。都会に出ず、地元企業に勤めて安月給ながらも安泰に生活している。行動エリアは半径五キロ圏内。小中学校時代からの幼なじみと「一杯やろう」とママチャリで集まって、ワイワイと楽しむ。そんな気楽な生活を楽しむ若い世代が増えているという。

かつては苦労すれば必ず見返りがあると都会に繰り出したが、今や都会で苦労して名目賃金は増えても生活レベルは向上しない。努力しても何もいいことがないとみんなが感じ始めている。

だったら気心の知れた仲間がいて、物価の安い田舎でゆったり暮らしたほうが、はるかに暮らしは楽ということになる。この生活に何の不満があるのか。マイルドヤンキーもいいではないかとなる。

この流れは押しとどめようがない。いい車に乗って、高級レストランに行ってなどとはもう思わない。「水をすすってでも必死に頑張ってやろう」という目標がなく、学者になっても大臣になってもたかが知れているという価値観が世の中を覆っている。

貧富の差が固定化し、貧乏人がいくら努力しても貧乏生活から脱却できないとなれば、マイルドヤンキーにならざるを得ない。

先日、名古屋に帰って十年ぶりに高校時代の友達に会った。みんな元気で、そこそこの生活を送っていた。私のように死にものぐるいで働いて死んでいく人生と、豊かにのんびりと死んでいく人生と、どちらがいいかはわからない。私は生まれ変わっても、また同じような人生を選択するというだけだ。

■国費留学生で覚醒させる

そんな時代だから、海外に出て学んだり有名大学に入るために受験勉強したりというモチベーションが維持しづらくなった。加えて優秀な学生ほど公務員試験や司法試験の参考書ばかりで、いわゆる教養書をほとんど手にしたことがない。

ある私立大学の諮問委員をやったとき、優秀な学生にどんな本を読んでいるかを尋ねたことがあった。「労働法の本を読んでいます」と胸を張って答えた法学部の学生がいた。読書の嗜好《しこう》をたずねられて受験参考書を挙げる。そんな人間が国家公務員試験や司法試験に通ったら、常識外れの官僚や裁判官になるのではないか。

基本的な教養がなく、弱者の立場に立つこともない。そんな裁判官にまともな裁判ができるとは思えない。あるいは仮に企業に入っても成功はできないだろう。

自由な時間を保証された学生時代にこそ、勉強よりも幅広い読書によって、自らの倫理と行動の指針を確立し、豊かな想像力と構想力を養う必要がある。

教育は十年、二十年の単位で考えることだ。この薬を飲めばすぐ効くなどという処方箋《しょほうせん》はない。しかしだからと言って、十年二十年、このままでやっていては世の中、暗くなっていくだけだ。

現在、貧乏人はなかなか大学に行けない。ならば彼らには一定の試験に受かれば大学の授業料を無料にし、ある程度の生活費も支援をして奨学金の返却は免除する。それくらいのことは最低限しなければならないだろう。

一歩踏み出すことから言えば、中国とアメリカに三百人ずつ計六百人の国費留学生を派遣してはどうか。春に国費留学生の試験を国立大学でやって、留学費用は全額政府持ち。

ざっと一人五百万円で計三十億円。二〇一四年の衆議院選挙で使った六百三十億円の総選挙費用を考えれば安いものではないか。

三十億円を予算に組んで、九月からアメリカと中国に派遣する。それで日本の教育が急に変わるわけではないにしても、とりあえずすぐできることだろう。それだけの政策でも、少しは若者の目が覚める。国費留学生となれば若者の気持ちを喚起できるのではないか。

私は経済財政諮問会議の民間委員をしていたので、その程度の決断がトップの一存でできることはよくわかっている。

「そのお金、今使わなくてどうするんですか。いったいほかに何に使うつもりですか」

そういう提言をするのが民間委員の仕事だろう。

ところが、ここでも知的、精神的衰退がある。今の若い財界人は意見を求められても黙っているか、「この問題については回答を控えさせていただきます」という姿勢。人の目を気にしているのか、自分の価値観に自信がないのか。

なぜ知的、精神的衰退は起きたか。さまざまな要因は考えられるだろう。しかし、その要因の一つは、人々が本を読まなくなったからだと思う。

読書の力が偉大なのは、物事を体系的に考える力を培い、想像力が豊かになるということである。ところが世の中のあらゆる情報が入手可能となり、読書をしながら思考を巡らせ、想像力を養うという習慣が減ってきた。

読書をしないから教養が身につかない。想像力も育まれない。それゆえ多角的に物を見たり、相手の立場に立って考えてみたりすることができなくなっている。だからみんなが一斉に声の大きい方向を向き、それに対して疑問を持つとか異を唱えることをしなくなっている。これは深刻な危機である。

■窓を開けて世界の風景を見る

そこそこ食えるし、そこそこ楽しい。それで何がいけないのか？　そう聞かれれば「それでよければ、それでいいんじゃないの」と答えるしかない。

しかし、私は付け加えて言う。

あなたは自分の小さな窓からしか世界を見ていない。世の中には、あなたの知らない風景がたくさんある。自分と同世代の人間がたとえばアフリカでどういう生活をしているか、あなたにはわからないだろう。その人の生活を見れば、あなたの人生はきっと変わる――。

私はこれまで世界百カ国以上を見て回ってきた。中国大使時代は三十三ある行政区のうち二十七地区を視察した。国連の世界食糧計画協会（ＷＦＰ）の会長をしていたため、ケニアの難民キャンプを訪ねたこともある。

病院には死に瀕《ひん》した子どもを一日中抱えて、母乳がほとんど出ないような痩《や》せこけた母親がいる。病院にこれといった医療器具は何もない。下にチョロチョロとドブ川が流れている。小鉢に野菜を大事に植えている。それも重病でなければ食べることはできない。

難民キャンプの横にホテルがある。窓ガラスが割れて「マラリアに注意して下さい」とある。蚊がブンブンいっているため蚊帳《かや》を吊《つ》ると蚊帳も破れている。蚊取り線香を焚《た》くしかない。そんな地域だった。

中国大使のときに行った地方の病院待合室は人があふれかえっていた。周囲は感染を心配したが、病気がうつればうつったで仕方がない。「みなさん、大丈夫ですか」と声をかける。この人たちの人生は本当に大変だと思う。

何とか息子に北京の学校で勉強させてやりたい。しかしお金がない。家族の生活を支えている牛一頭を売る。その子は必死に勉強する。中国にはそういう人たちがたくさんいる。

二〇一四年にノーベル平和賞をもらったパキスタンのマララ・ユスフザイさんもそうだ。そこでは女性が勉強するということ自体がとても困難なことなのだ。

インドで自宅内にトイレのある家は、平均四七パーセントしかない。半分が自宅からいったん出なければトイレに行けない。冬でも真っ暗闇の外に出なければならない。男たちが乱暴をしようと待ち構えていることが多いという。

インドの首相は保健・衛生上の問題から「二〇一九年までに全家庭にトイレを設置する」と発表した。そんな政策を耳にしても、インドの路上生活者を実際に目にしていると現実感がまったく違う。

■現場に出かけて五感で体験する

日本にいると、とても想像できない生活が世界では数限りなく繰り広げられている。現場を歩いている私には、そのイメージが心に焼き付いて消えない。

「アフリカ？　中国？　私には関係ない」とあなたは言うだろう。でもひとたびそこに足を踏み入れれば、あなたの人生は関係を持たざるを得なくなる。実際に目の前で苦しむ子どもたちを見て、「私は関係ないよ」と平気で言える若者がいるとは私には思えない。本来持っているＤＮＡが必ず揺さぶられるはずだ。できるならば彼らを助けたい、私はもっと頑張らなければと必ず心が動く。

少なくとも私は彼らの姿を目にしたときに、何とか支援したいと思った。月に十万円ほどあれば、子どもたちの生活と人生が変わる。だから奨学金を出したいと思った。そのためなら他人に比べて多少ハードな生活をしていても乗り切ることができる。

しかし個人の力は限られている。世界にはいろいろな人がいるという現実をできるだけ多くの人に知ってもらいたい。とくに日本の子どもたちにそういう世界を見てほしい。自分の生活を少し質素にして、お金に少しでも余裕ができれば、彼らを支援することを考えてほしいと思う。

あなたが世界を見ている窓は小さい。もっといろいろな窓を開けて世界を見てほしい。するとあなたの人生を変える景色がいくつも目に飛び込んでくる。

だから私は若者に「先進国でも途上国でも、観光地でも僻地《へきち》でも、どこでもいいから海外を見て回りなさい」と語りかける。

地球上いかに貧困や飢餓にあえいでいる人々が多いか、自分たちがいかに恵まれた国に暮らしているかは、確かにインターネットを使えばいくらでも情報を入手することができるだろう。しかも音声や動画付きで、リアルタイムの情報を得ることができる。

しかし、それはバーチャルな二次情報でしかない。それ以上に大事なことは、自分で外に出かけて自分の目で見ることだ。そこで五感を使って全身で感じる。細かいゴミ、ほこり、喧噪《けんそう》、家畜の鳴き声、そして臭い。

未知の世界に五感で触れれば、体験は血肉化して、想像力が育まれる。そこで人と交わり関わっていけば、さらに自分の人生が豊かになる。

■感激、感動を他人と共有する

私がこれまで読書を勧めてきたのは、時間と空間を超えて著者の心に触れることができるからだ。時代を超え、海を越えて、著者と同じ感動を共有することができる。それは情報や知識によってではない。

本を読んで自分が涙を流す。もしかしたら、作者も涙を流しながら書いたのではないか。そんなふうに著者と感激、感動を共有できる。

人生のいちばんの喜びは、感激や感動を他人と共有することだと私は思う。その機会が多いほど、その体験が深いほど、人生は豊かになる。

子どものころ、テストで百点をとったら、いちばんに母親に見せた。母親に褒められたかったからだ。褒められることがうれしかった。褒められるということは、感激、感動を共有してくれる人がいるということだ。その喜びがあるからこそ、子どもは一生懸命勉強をする。

大学時代の学生運動もそうだった。世間をまだ知らぬ若造が権力者たちを追い詰めて、ついには屈服させる。そのリーダーとして先頭に立ち、共有する願いや目標を達成した時、仲間たちとともに快哉《かいさい》を叫ぶ瞬間は血が沸き立った。

恋愛だって相手とワクワクドキドキを共有するから刺激的なのだ。親になれば、今度はテストで百点を取ってきた子どもを褒めて喜びを共にする。

スポーツもそうだ。サッカーの試合でもテニスの試合でも、みんながあれだけ激しく燃えるのは、選手たちの勝利した喜びをファンたちが共有しているからだ。

仕事においては、プロジェクトが大きいほど成功したときの感激、感動は大きい。それを共有する人間が多ければ多いほど、やはりその喜びが増幅する。

私が大きな会社に入りたかった理由はそこにあった。大きな会社に入って大きな仕事をしたかった。そして、たくさんの人と感激、感動を共有したかった。

逆にいえば、大きな会社に入っても、そこでやれる仕事をしないなら入った意味はない。それならば小さな会社でたくさん仕事をやって、たくさんの感激、感動を味わった方がいい。

人生の面白味は、苦しければ苦しいほど、それを克服したときの喜びは大きいというところにある。誰がやってもできるものに手ごたえはない。単に儲かることをやってもつまらない。

非常に困難なプロジェクトをみんなで力を合わせてやり遂げたとき、喜びは何倍にも増幅する。もちろん、苦しいさなかは、そんなことを考えている余裕はない。目の前の課題を一つひとつこなしていくのに精一杯だ。けれども後になってみれば、そのときみんなで力を合わせて苦難を乗り越えた経験がいちばんの財産になる。

苦難を共にした伊藤忠時代のグループは、年齢差はあっても、いまだに集まって飲む機会を持つ。

中国大使時代は非常に人に恵まれた。私が日本からは批判されたときも、大使館内ではみんなよくサポートしてくれた。中国現地の政治家や経済人も、日中は仲良くしたいという願いを共有できる人たちが多かった。「今でも丹羽さんは中国で人気がありますよ」とお世辞半分に言われる。

北京に一緒にいた経済界の仲間たちは、みんな退社しているにも拘《かか》わらず、今も「大使を囲む会」を開いて集まってくれる。みんな苦しいときを共に乗り切った同志だ。

だから私は部下によく言っていた。

「こんなつらいことをオレにやらせやがってと思うな。神様が自分に人生の喜びを味わうチャンスを与えてくれたのだ。逆境はチャンス、順境はピンチ。そう思ってやれ」

そして、こんなふうにも言った。

「本当におしっこを漏らすぐらいの緊張感を感じる仕事をしろ」

それほど大きな仕掛けと緊張を伴う仕事をしたときにこそ、涙が出るほどの大きな感動や感激を味わえる。緊張を伴う仕事であればあるほど、そこから得られるものは大きく、人間として成長できる。

感激、感動の共有が人生の最大の喜びであり、考えてみれば、私はそれを求めて多くの本を読み、仕事をし、さまざまな国と地域を訪ねてきた。現在、ほうぼうで講演を重ねているのも、やはりできるだけ多くの人と思いを共有したいからだ。

そんなふうにして行く先短い年齢となった私は死ぬ間際に「ああ、人生これでよかった」と思って死にたいと強く思うようになった。ウソをついたり人をだましたりすることもなく、「人々のために多少は役立ったかな」と思って死ねれば、それがいちばんの幸福ではないか。

第五章　未来を知る——迫りくる危機に備えて

■一次資料から時代を読み解く

私の読書遍歴を振り返ると、大学を卒業してからは小説のようなフィクションをほとんど読んでこなかった。

中学・高校時代は、山本有三《やまもとゆうぞう》（一八八七〜一九七四年）の『路傍の石』や、マルタン・デュ・ガール（一八八一〜一九五八年）の大河小説『チボー家の人々』に心を揺さぶられ、夏目漱石《なつめそうせき》や森鷗外《もりおうがい》といった文豪の作品に感銘を受けた。

時代の空気に触れるため芥川《あくたがわ》賞作品だけは目を通してきたが、最近の作品は日記をつなぎ合わせたようなことが書いてあって心動かされることがない。というのも、作者の妄想と想像力から生まれる小説は、どこから真実でどこまでが虚構なのかがわからない。私が知りたいのは、さまざまな人間が現実に織り成す世界の実相だ。

もちろん、ドキュメンタリーにも作者の意思や思いが入る。だからドキュメンタリーの中でも、私はできるだけ一次資料に近いもの、著者による加工の少ないものを好んで読んできた。

江戸《えど》時代の人別帳などの史料や探検家の日誌のように、コメントなしで事実だけを記述した資料的な本を読むと、それだけで当時の人々の生きざまに対する想像力がかきたてられる。

「こういうときに人間は悪の道に進むのか」

「こういうふうに人々を都合のいい方向に誘導するのか」

人間の意識や感覚がどんなとき、どういうふうに切り替わり、理性が外れて動物的な本性が出てくるか。そのプロセスがまざまざと浮かび上がる。あるいは目の前で起きている事象や自分の経験を、歴史上の出来事に重ねて考えることも役に立つ。

たとえば現在の国際情勢を考えるとき、アメリカと中国という世界の覇を争っている二大国の関係が、今後の国際政治、国際経済を左右する最大のファクターであることは論を俟《ま》たないだろう。

米中関係を考えるとき、私は「国際政治の父」と言われるギリシャの歴史家トゥキディデス（紀元前四六〇年ころ～紀元前四〇〇年ころ）の著した『戦史』を参照する。

二千四百年前、古代ギリシャ世界全域を舞台にしてアテネとスパルタが二十七年間にわたって繰り広げたペロポネソス戦争を、トゥキディデスは覇権国と勃興《ぼっこう》国との戦いというかたちで実証的に描いた。

のちに「トゥキディデスの罠《わな》」という言葉で表されるようになったが、現実の国際政治でいかに覇権国と勃興国の衝突が避けがたいかを知らされる。

十六世紀以降、覇権国と勃興国の争いは十五回あり、そのうち十一回は戦争になったという。歴史は繰り返すといわれる。アテネとスパルタの関係は、現在のアメリカと中国の関係に相当するのかどうか。

対峙《たいじ》する日中関係を横目に、この二つの超大国は政治的・経済的・軍事的関係を着々と築いている。両国は自分たちで世界の覇権を握る体制づくりを進めている。G2、つまり二国で世界を統治するか覇権を争う時代がいずれ来るのではないかというのが私の予想である。

ハーバード大学の政治学者グラハム・アリソンが「フィナンシャル・タイムズ」の論評(二〇一二年八月二十一日)に「トゥキディデスの罠」について書いていた。初めから罠とわかっているものを罠とは呼ばない。罠というものは、それが罠とわからないからはまってしまうのだ、と。

歴史から学んだわれわれはもう二度と戦争はしないと誓いながらも戦争をしてしまう。これが「トゥキディデスの罠」である。第一次世界大戦も誰もが戦争にならないことを確信していたにもかかわらず、一発の銃声をきっかけに始まった。

中国がアメリカを制して世界のトップに躍り出たとき、核兵器を有する両国が戦火を交えることはあり得ないと私たちは思っている。当然、両国首脳とも「トゥキディデスの罠」があることはわかっており、世界のリーダーとして争いの道を避けるよう最大限の努力をするだろう。

しかし罠を避けようと道を模索しながら罠にはまってしまう。それが罠の怖さなのである。私たちはそれを肝に銘じておく必要がある。

■アメリカ開拓史に見る人間の業

私が一次資料の価値を知るきっかけとなったのはアメリカ駐在中である。

第一章で穀物相場を見誤って大失敗した体験を紹介した。実はそれはメディア情報を信用したからだった。ニューヨーク・タイムズが一面で大干ばつの発生を報じたのを読み、大豆価格の高騰を確信して買い込んだことが間違いだった。

ところが、次に同じことが小麦地帯で起きた。周りは小麦を買いあさったが、私は同じ轍《てつ》を踏まないよう買い控えた。

すぐに週末レンタカーを借りてキャンザス（カンザス）に向かった。走り回って探したが、大干ばつの地域が見当たらない。オクラホマでやっと見つけたが、そこはもともと穀物がほとんどできない地域だった。一度は騙《だま》されたが、二度目は騙されなかった。私は一次情報の大切さを痛感した。

穀物担当だった私はアメリカの農業をはじめとする産業、政治、歴史などに関する本を片っ端から買い込んで、読み漁《あさ》った。

決定的だったのは、『アグリカルチャー・イン・ザ・ユナイテッド・ステイツ：ア・ドキュメンタリー・ヒストリー』との出会いだった。アメリカの農業の歴史を記した全四巻、四千ページほどの英書である。

この本には、アメリカ独立前後から、東海岸から中西部へ農地開拓に向かった人たちと、沿岸州に住んでいる家族との手紙でのやりとりがそのまま収められていた。先住民に遭遇したり野獣に襲われたりといった出来事に加え、現地の農業や人々の生活実態、開拓の歴史が克明に描かれている。

開拓後、鉄道が敷かれ、道路が整備されていく。アメリカがヨーロッパで道路債や鉄道債を発行して資金調達する動きも読める。

分厚い英書を読む原動力は、ひとえに人間に対する好奇心だ。三百年以上前のヨーロッパから海を渡って新天地にやってきて、将来「ブレッドバスケット」「世界の食料庫」と呼ばれる土地を開拓していった人たちが、どういう思いで生活していたか。

事実をつぶさに知ると、西部劇映画を見ていても、どこまでが本当で、どこまでがフィクションかを見極めることができる。自分の仕事には直接役に立たないかもしれない。しかし小説では味わえないドキュメンタリーならではの面白さを味わった。

私がドキュメンタリーを好み、一次情報を好むのは、私自身が徹底した現場主義者だからだろう。アメリカ農業史も歴史家が書くと、それは二次情報になる。「ヒストリー」(History) ではなく、多くは「ヒズ・ストーリー」(His-Story) になる。どれほど信用できるのかわからない。

たとえ農業に関わるドキュメンタリーでも、さまざまな場面で人間の自己保身や邪心が見て取れる。どんな立派な人間も、隣人が大金持ちになって豊かな生活を始めると、そこに妬《ねた》みややっかみの感情が生まれる。

それは私が繰り返し述べてきた、人間に流れる「動物の血」のなせるわざである。「動物の血」をいかにコントロールするかは、人間社会に与えられた永遠の課題なのだろう。

アメリカから帰国後、知人ポール・サーノフがニューヨークの銀相場の内幕を描いた『シルバー・ウォー』という書籍の翻訳を一九八一年、日本経済新聞社から出版した。

ほぼ同時期に、月刊の業界誌に三、四年にわたって「アメリカ農業小史」「アメリカ農業風土記」を連載していた。そんなふうにして「伊藤忠に丹羽という男がいる」ということを周りから認められるようになった。

■日本経済の変動を追った労作

課長時代に読んだのは、経済評論家の高橋亀吉《たかはしかめきち》（一八九一〜一九七七年）が著した日本経済史に関する作品群である。

『大正昭和財界変動史』『日本近代経済形成史』『日本近代経済発達史』（各全三巻）『昭和金融恐慌史』……。江戸期から明治、大正、昭和まで日本の経済が、いかに発展してきたかを実証的に跡付けた労作だ。

高橋は、石橋湛山《いしばしたんざん》が主幹を務めた東洋経済新報社の編集長も歴任し、民間エコノミストの草分けとして活躍した。

国会図書館に通って新聞記事をはじめとする記録資料から日本経済の変動を示すデータ

や現象を丹念に拾い上げ、考察を進めた貴重な仕事である。

記述は一次情報を中心にして事実を記している。日本はなぜ戦争に突入していったか、そのとき経済はどうだったか、今後どうなっていくのか、興味深く読み進めていった。

経済史の中で汚職や不祥事も次々に起こる。やっぱり人間は変わっていないな、相変わらず愚かな動物だな、すべて「いつか来た道」だな、と確認した。

文字がぎっしり詰まった一冊数百ページに及ぶ研究書の束を今読めといわれても、もはやそんな気力はないが、当時は多少の睡眠時間を削ってでも読み通した。やはり本はそうした好奇心と情熱と時間がある時期に読まなければだめだと思う。後回しにすれば、結局、読む機会を逸してしまう。

■コロンブスは何を考えていたか

まったく逆のことを言うようだが、私は死ぬまでに読むことを楽しみにして本棚に並べている本がある。

『大航海時代叢書《そうしょ》』（岩波書店）。十五世紀末から十七世紀初め、大航海時代におけるヨーロッパ人が非西欧世界を探検、航海、見聞した記録である。別巻まで合わせると全四十二巻。そのうち今数えてみると、二十五巻保有している。コロンブスやヴァスコ・ダ・ガマ、マゼランの航海記録、東方諸国記、日本王国記、インカ皇統記、メキシコ征服記などが含まれている。

大航海時代、ヨーロッパの各々の国は新しい文物を求めて、植民地拡大のために西へ西へと船で海を渡っていった。その間、コロンブスをはじめとする船乗りたちは何を考え、どういう生活をしていたのか。新大陸で初めて現地人に出会ったとき、互いにどんな反応をして、どうやって融和していったのか。当時の人間の生の記録が網羅されている。

すでに購入して書棚にずらりと並んでいる。その眺めは壮観だ。この二十年、読みたくて仕方がない。ちらちらとページをめくって読んでみたことがある。

こんな面白いものを気ぜわしい気分で読んではもったいない。そして本にも申し訳ない。すべての仕事から解放されて、まとまった時間ができたら、ゆったりとした気分で読みたいと考えている。

私がこの叢書を読むことを楽しみにしているのは、この本が人間というものを知る格好のドキュメンタリーだからだ。想像を膨らませながら「そうか。五、六百年前の人間はこういう生活をしていたのか」と知れば、世界史の見方、考え方が豊かになると思う。

「人間とは何者か」という問いを携えて多種多様な本に触れ、歳とともに経験を重ねていくうちに、人間の言動と心理についてはだいたい見当が付くようになった。

では、もう人間探究は十分かというと、そんなことはない。やはりまだまだ知りたい。あの海、あの山の向こうには何があるのか。どんな人間が住んでいて、どういう思いで生活をしていたのか。それでも昔に比べて今の人間は、多少なりとも進歩したのか。

科学や医学はどんどん進歩して、知識は増え、技術は進歩した。冷蔵庫や電子レンジができて生活が楽になった。

では人間として成長したかといえば、まったくしていない。見栄を張って実物よりも良く見せようとする。自己保身のためウソをつく。相手の物がほしければ相手を騙してまで奪う。

やはり人間を人間たらしめる感情や思考といった本質は、まったく変わっていない。人間は動物の頂点に立つと決め込む傲慢《ごうまん》さも相変わらずだ。

これからおそらく五十年、六十年、今の子どもが老人になったときも、同じような人間がまた同じようなことをやっているのだと思う。

■人口増加がグローバリゼーションを促す

大航海時代、ヨーロッパ人が非西欧世界に向かって海を渡った現象は、今でいえばグローバリゼーションの一環といえる。

グローバリゼーションとは人、モノ、カネ、情報が国や地域を越えて地球規模で移動して、さまざまな変化を引き起こす現象を指す。現代はグローバリゼーションの時代といわれる。

グローバリゼーションは人口増加と分かちがたく結びついた国際関係である。つまり、一つの地域で人間が増えたら、どんどん人間がモノや情報とともに外へ出て行かざるを得ない。そして国民と国民、国家と国家が交流する。その意味では人類の移動が始まったときからグローバリゼーションは始まったといえる。

四世紀から十一世紀にかけてヨーロッパで起こった民族移動もそうであり、十五世紀から十七世紀、ヨーロッパ人がインド・アジア大陸、アメリカ大陸などへの植民地主義的な海外進出をしたのも、十八世紀後半からヨーロッパ大陸にイギリスの産業革命が広がったのもグローバリゼーションである。

グローバリゼーションに対して、国と国の交流がない状態はローカリゼーションと言っていいだろう。日本が江戸時代に続けた鎖国がこれに当たる。

現代においてグローバリゼーションが大きく加速したきっかけは人口の増加である。人口が増えるに従って、自分たちだけの営みでは生活ができなくなる。民族の移動は宗教のほかに人間の生命線となる三大要素「食糧、水、エネルギー」を求めて起こったのだ。

グローバリゼーションは、あたかも人為的に作り出したように思われがちだが、歴史に目を凝らせば、そうではないことがすぐにわかる。人口増に伴って国と国、国民と国民の接触は否応《いやおう》なく起こる。いやだと言っても、それでは生きていけないのだから。

みんな生命線の維持のために海を渡った。新大陸のアメリカにイギリスから渡ったのは食べることができなかったのも大きな要因であったはずだ。日本でいえば、一八六八年、貧しい地域の日本人労働者が開拓団として初めてハワイに渡った。さらに中南米、オーストラリア、アメリカへ移住した。

大正から昭和の初めに中国・満州《まんしゅう》に開拓団が渡り、一九三一年の柳条湖《りゅうじょうこ》事件（満州事変）以降、本格化した。満蒙《まんもう》開拓団員は、農作物の不作などで貧しい長野《ながの》県や東北の出身者が多かった。農地も少なく、家族全員の面倒を見るだけの食べ物も作ることができなかったからだ。

「グローバリゼーションは選択命題ではなく必然命題だ」と言える。言葉を換えれば、グローバリゼーションは一つの国是である。

人類史の長い前半は何千年と自然が猛威を振るい、飢饉《ききん》が起きるなどして食糧が足りなくなった。後半はエネルギーの確保である。現代もまたグローバリゼーションのさなかにある。人口が増えるに従って食糧や資源、エネルギーを求めて国と国の交流は加速している。

■食糧危機が迫っている

一九七二年に発行された『成長の限界』には衝撃を受けた。これは資源や人口、環境破壊など全地球的な問題について科学的なデータに基づいて警鐘を鳴らした「ローマ・クラブ」の第一回報告書である。

ローマ・クラブは各国の科学者や経済人、教育者、有識者らからなる民間のシンクタンクだ。このまま人口増加や環境破壊が続けば資源が枯渇し、環境悪化によって百年以内に人類の成長は限界に達すると警告した。破局を回避するためには従来の経済のあり方を見直す必要があると提言した。

その後、『転機に立つ人間社会』（一九七四年）、『国際秩序の再編成』（一九七六年）、『浪費の時代を超えて』（一九七六年）などが次々に発表された。

ローマ・クラブの警鐘は生かされたのか。世界の人口がどんなふうに増えてきたか、調査主体によってデータの数値にはばらつきがあるが、大まかに確認してみる。

国連などの資料によると、世界の人口はざっくり言って西暦元年から一六〇〇年に二億～四億人、一七〇〇年に六億人、一八〇〇年に九億人、一九〇〇年に十六億人、二〇〇〇年に六十一億人、二〇一五年に七十三億人とここ三百年で急激に増えてきている。それに伴って貿易と市場が世界規模で拡大した。

人口急増には食糧とエネルギーが関わる。狩猟民族から農耕民族となり、技術の進歩や気候の安定から人間の生命線の確保が可能になっていった。

たとえば中国の清朝初期（一六五〇年ごろ）は人口一億人前後で推移したが、一七九〇年代には三億人、一八三〇年代には四億人を突破したと推定されている。人口急増の背景には食糧生産の安定があった。

地球上で得られる食糧で養える人口は百億人くらいが限界ともいわれる。国連の「二〇一二年版世界人口展望」によると、地球上の人口は二〇六二年に百億人に達する。二〇一五年に生まれた子どもが四十七歳になるころに、七十三億人から二十七億人増える計算だ。そのころ、世界で食べ物は足りているのか。

農林水産省の統計では、世界の食糧（穀物）の生産量は一九七〇年でざっと十一億トン。二〇一四年には二十五億トンと二倍以上に増えた。しかし世界の農地面積は一〇七パーセントとほぼ横ばい状態にある。

では、なぜ食糧は急増したか。私は伊藤忠で長く農産物を専門に扱ってきた。この間の食糧増産の背景を調べると、確かに農薬の進歩や農機具の発達が寄与している。しかし決定的な役割を果たしたのは、「グリーン・レボリューション」（緑の革命）である。つまり品種改良などによって単収が爆発的に増え、化学肥料の進歩が加わり、この五十年間で倍増したのである。

さて、百億人を食べさせるためには、さらに十億トン以上の食糧増産が必要になるだろう。地球全体から見て、そんな農産物の増産が可能だろうか。

昔のように民族移動はもうできない。世界にはもはや移動する場所がない。森林を伐採したうえ開拓して農地を増やしていくやり方は、もはや限界に達している。増やすことができても、せいぜい六～七パーセントだろう。

ＯＥＣＤとＦＡＯ（国連食糧農業機関）は、二〇一五年における世界の穀物収穫面積を約七・二億ヘクタールと見込んでいる。その六パーセントとすれば四千二百六十万ヘクタール。日本の国土が約三千八百万ヘクタールだから、六パーセント増えるとしても、とんでもない規模の農地が開拓される。それでも人間の増加割合のほうが大きいため、食糧はとても賄《まかな》いきれないことになる。

食糧を求める世界の目は今、アフリカに向かっている。未開拓ゆえに生命線を維持できる裾《すそ》野《の》がまだ残っているからだ。そのアフリカは今後もっとも急激に人口が増える地域であり、二〇一二年の国連推計で二〇一〇年の十億人が二〇五〇年には二十四億人に増える。

一方で世界の飢餓人口は、ＦＡＯの二〇一二～一四年の集計期間で八億五百万人に達している。九人に一人が充分に栄養を取れない状態にある。人口爆発に見合う食糧増産が実現できない場合、この数字はさらに悪化する。

アメリカの経済学者で国際開発の第一人者であるジェフリー・サックスは著書『貧困の終焉《しゅうえん》』（原書は二〇〇五年刊）で、人的資源の確保とインフラを整備すれば、経済活動によって世界の貧困をなくすことができるとした。それに要する援助額は先進各国のＧＮＰ

の一パーセント弱。貧困をなくせば飢餓は根絶できるというシナリオを示しているが、問題はそれを実現する意思が先進国にあるかどうかである。

■アメリカは穀物禁輸を実施した

今後、気候の変化が激しくなって、農業国が洪水や干ばつに遭えば、あっという間に輸出禁止の措置が取られるに違いない。そう断言できるのは、穀物禁輸は過去に実際、何度も起こったことだからである。

一九七三年、アメリカのニクソン大統領は、異常気象による穀物相場の高騰を背景に、大豆の輸出を禁止した。当時、アメリカは世界の大豆市場の九割を占めていた。禁輸は大豆の国内需要を確保するためだった。

当時、米国産大豆の最大輸入国であった日本への事前通告はなかった。ニューヨークにいた私は、ラジオで大豆禁輸の報を聴きながら、「何をやらかすんだ!」と憤慨していた。そして同時に「やはりそうだろうな」とも思った。

グローバリゼーションであろうと鎖国であろうと、どの国も自国民第一であることには変わりがない。自国の国民を食べさせるために、あらゆる手段を講じることは、政府の義務でもある。

アメリカは「二度とやりません」と言ったが、私は信用しなかった。「真っ赤なウソだ、何度でもやるぞ」と思った。

事実、ソ連のアフガニスタン侵攻に強く反発したカーター大統領が一九八〇年、対ソ穀物禁輸を断行した。七三年の大豆禁輸に続いて、アメリカの通商政策に対する世界の不信感が再び浮上することになった。

「植民地解放」とか「人道援助」とか、アメリカが表向きは立派なことを言っていても、それはつねにダブルスタンダードであることを忘れてはいけない。実際、アメリカ人が飢える前に輸出禁止はいつでも実行されると私は思っている。彼らはそれまでも、食糧を外交の武器として使ってきたからだ。

アメリカは第二次世界大戦後、農場も国も荒らされていない唯一の国として豊かな農産物の生産を遂げ、大量の在庫も保有していた。占領下の日本には、ガリオア・エロア基金という占領地への資金援助がなされた。

東西冷戦下の一九五四年、アメリカはＰＬ４８０という法律を成立させ、余剰農産物をアメリカに味方する自由陣営にどんどん輸出した。正式名称は「農業貿易促進援助法」だが、ズバリ「余剰農産物処理法」と呼ばれた。

その結果、アメリカの食糧輸出は世界で圧倒的なシェアを占めるようになった。これは農産物を武器とするアメリカの国際政治戦略である。

アメリカが穀物禁輸を実施したとき、私たち伊藤忠は「これはもうアメリカに頼っていてはダメだ」とブラジルやインドネシアでの穀物生産に奔走した。しかし一企業が動いてどうなるものではない。

アメリカの農場を見て回ったときに、見渡す限り農地の大豆を全部買い付けても、せいぜい五千トンにしかならない。五千トンは大きな貨物船のワンハッチである。これに対して、当時の日本における輸入量は三百万〜四百万トン。三桁《けた》違う。

さらに中国は現在、ブラジル、アメリカから大豆だけで七千万トンを買っている。世界中の輸出量の半分以上に当たる数字だ。日本は最大の輸入国だったときでも、せいぜい五百万トンだった。中国がいかに巨大な胃袋を持っているかがわかるだろう。

前述したように、世界の農地はもはやそれほど増える余地はない。となれば将来、百億人を食べさせようと思うと、新たな「緑の革命」が必要になる。今からはたして革命的な種子開発が起きるかどうか。

あるいは先端技術によって宇宙食のようなものができるだろうか。チューインガムのように、かむだけで栄養素が入って満腹感と栄養を与える食料。栄養素がエキスで摂取できるようになれば、胃腸などの消化器官は不要になり、どんどん退化していくだろう。そうすると……。私たちはＳＦのような世界を想像しなければならなくなる。

■二十一世紀に自然災害は増えている

日本に目を転じてみる。

日本の人口はおおよそ、奈良《なら》時代は四百五十万人、平安末期は六百五十万人、江戸時代初めは千二百万人、明治初めは三千四百万人、昭和初めは六千百万人、第二次大戦が終わったころは七千二百万人、二〇〇〇年に一億二千七百万人。

国立社会保障・人口問題研究所の二〇一二年の推計では、二〇五五年には三千五百万人ほど減って九千二百万人になるという。そのとき、日本列島でどれぐらいの人間が自給自足できるだろうか。

日本の二〇一三年の食糧自給率が三九パーセントで約五千万人分。単純計算すると半分近くが養えないことになる。別の言い方をすれば、二人に一人近くは海外から食糧を調達しなければ生きていけないことになる。

世界の食糧事情はそれに応《こた》えられるだろうか。人間が増えるに従って、土地もなく、食糧を輸入に頼っている日本のリスクが高まっていくことになる。

ここでもう一つ、自然災害というファクターが加わる。

地球規模で自然災害が急増している。国際開発機構の二〇一四年の報告では、過去五十年間における自然災害発生件数の一九六三年から十年ごとの推移を見ると、ざっと五百件、千件、二千件、三千件、三千七百件と右肩上がりを描いている。アジアの占める割合が多く、二〇〇三〜二〇一二年では発生件数で四一パーセント、死者数で六三パーセント、総被災者数で八五パーセントを占めている。

自然災害に地球温暖化が具体的にどう影響しているかはわからない。農地開拓のための自然開発が自然災害の増加を促しているという指摘もある。

気象学者によれば、二十世紀は自然災害という点では、人類史上きわめて恵まれた時代だった。過去の歴史からいえば、二十一世紀はその逆になる可能性があるという。

日本は世界でも稀《まれ》に見るほど自然に恵まれた国である。気候は温暖で四季があり、森林と水を豊富に擁している。

しかし、世の中にはすべて表があれば裏がある。それだけ自然に恵まれている国であるがゆえに、自然災害に関してはほかの国に比べて非常に高いリスクを負っている。

たとえば世界で起こった火山の噴火件数のうち、約一割が日本で起きているという。国別で等分に分けるなら二百分の一弱でなければいけないのに二百分の二十、二十倍近く多く起きていることになる。

「二〇一四年版防災白書」によると、世界に占める日本の災害割合は、マグニチュード六・〇以上の地震回数が一八・五パーセント、活火山数が七・一パーセント、災害被害額が一七・五パーセントと非常に高い。

日本が地震国であることは言うまでもなく、土砂崩れなどが起こりそうな場所は日本に五十二万カ所あるという。

富士《ふじ》山の前回の爆発が宝永《ほうえい》年間、一七〇七年十二月半ばごろ。爆発の四十九日前に日本最大級の大地震が発生した後に大爆発を起こした。江戸の町に大量の灰が降り積もったことが記録されている。

それから三百年以上経過した。噴火は三百〜四百年おきにあると言われるので、そろそろ噴火の射程圏内に入ってきている。太平洋の西之島《にしのしま》で新しい島ができる噴火が起きている。これと御嶽《おんたけ》山や阿蘇《あそ》山の噴火は連動しているという気象学者もいる。自然災害の予知はできないが、総合的に考えるとリスクは高まっているといえそうだ。

■世界で水紛争の危険性が高まる

農業が始まって以来、農業用水の争奪戦はいつの時代、どの地域でも繰り広げられた。「二十一世紀は水の世紀になる」といわれるように、世界では今、水不足と水をめぐる紛争が深刻化している。

地球上にある水の総量は何万年も変わっておらず、十四億立方キロメートルといわれている。そのうち九七・五パーセントは海水、淡水は残りのわずか二・五パーセントだ。淡水のうち、多くが氷山、氷河、雪渓などの水で占められているため、人間は地球上にある水のうち、ごくわずかしか使えていない。

にもかかわらず、人口増加、経済開発によって工業用水、農業用水、生活用水は増加している。一方で干ばつ、地下水の枯渇などによって世界各地において水が不足している。

ユネスコの二〇〇三年の報告によると、一九九五年の世界の水使用量は、年間三兆七千五百億立方メートルで、このうち農業用・工業用が全体の九割近くを占め、とくに農業用が七割を占めている。水の使用量は一九五〇年から九五年の間に二・七倍に達している。とくに生活用水の使用量は六・八倍と急増している。二〇二五年の予測水使用量は一九九五年の一・四倍、生活用水については一・八倍になると報告されている。「国連世界水発展報告書２０１５」によると、今世紀半ばまでに、最悪の場合で六十カ国の七十億人が、最善の場合でも四十八カ国の二十億人が水不足に直面することになる。

アジアでもっとも深刻なのはインドだ。かつてインドで水を手に入れるには、どこでも土を少し掘ればよかった。ところが今では、ボーリングマシンを使って相当深く掘らなければ取水できない。となると、マシンを買う財力がなければ、農家は農業を続けることができなくなっている。

金持ちの農家がどんどん深く掘って取水すると、その周辺で水が取れなくなる。すると金持ちの農家は周辺の水を集め、タンクローリーで水が足りない地域に売りに行く。水を買えない貧農は土地を捨てて都会で出稼ぎをするか、道端で恵みを乞《こ》う生活をせざるをえない。

国境をまたぐ河川では、上流での水需要が多くなり、下流で水が枯渇し始めたことによる国家間の紛争が起きている。インダス川ではインドとパキスタンが、リオグランデ川ではアメリカとメキシコが水紛争を繰り広げた。

世界の水不足は水資源が豊かだと思われている日本にも大いに関係がある。

国土交通省によると、日本人全体で二〇一〇年に使用している水は、飲料や家事などで使う生活用水が百五十二億立方メートル、工業用水が百十三億立方メートル、農業用水が五百四十四億立方メートル。年間八百九億立方メートルを使っている。

さらに考えなければいけないのは、バーチャルウォーター（仮想水）の存在である。バーチャルウォーターは、食糧輸入国で、もしその輸入食糧を生産するとしたら、どの程度の水が必要かを推定したものだ。たとえば麦一キロを育てるには二トンの水が必要で、米一キロには三・七トン、牛肉一キロでは二十トンが要る。

日本は海外から食糧を輸入することで、その生産に必要な水を自国で使わずに済んでいる。言い換えれば、食糧の輸入は形を変えた水の輸入を意味する。

日本の食糧自給率は四割。このバーチャルウォーターの年間輸入量は琵琶湖《びわ》の二・五倍以上、じつに七百億〜八百億トンに上る。

日本はこれだけの水を海外に依存していることになる。つまり、海外での水不足や水質汚濁は日本と直結した問題なのである。

■日本だけが原発を止めても意味はない

次にエネルギー問題を考えてみる。

現在、世界ではエネルギー資源の枯渇の現実化に直面する世代が出始めている。英国石油大手ＢＰの二〇一三年統計によると、エネルギー資源の可採年数は、石油が五十三年、天然ガスが五十六年、石炭が百九年、ウランは九十三年とされている。途上国の経済発展に伴って年々消費量は増加し、このままでは枯渇時期がさらに早まる可能性がある。

エネルギー資源が枯渇すれば、産出国は当然、輸出削減に走るだろう。日本は石油などのエネルギー資源の九五パーセントを輸入に頼っている。輸出がせき止められれば、日本経済の崩壊は避けられない。

喫緊の課題は原発をどうするかだろう。五十年後、原発がなければやっていけないのかどうか。原発を停止するなら、同時に次の一手を決めなければならない。

日本だけが原発を停止した場合、日本の経済はどうなるだろう。フランスから電力を購入しているドイツのように、日本が隣国の中国や韓国から原発による電力を購入することは想定できない。

となると、火力発電の燃料である原油やＬＮＧ（液化天然ガス）を他国に比べて割高な価格で購入し、中国や韓国に比べて三倍近い電力料金（二〇一一年現在）を支払うことを余儀なくされることも考えられる。

これほどのハンディを背負っていたら、いくら円安が進み、法人税の実効税率が下がったところで、日本はコスト競争力で他国に負けてしまう。

製造業ではなく、素材や小売りなどあらゆる分野で海外に拠点を移す動きが加速し、国内産業の空洞化に一段と拍車がかかるだろう。貿易収支の赤字幅はさらに拡大するはずだ。日本だけが原発を廃止しても、他国に比べて競争力が低下し、国益を自ら損なうだけである。

さらに事故回避のために日本だけが原発を廃止しても、中国や韓国はどんどん原発をつくっている。空気に戸は立てられない。中国から飛来するＰＭ２・５の例をみてもわかるように、日本だけが安全な空気の中で住むことなどは到底できない。

中国で過酷な原発事故が起これば、その影響は真っ先に日本に来る。アメリカやヨーロッパも影響を受ける。チェルノブイリ原発事故の際の放射能汚染を想起すれば、そのリスクは地球規模であることははっきりしている。

つまり過酷事故や放射性廃棄物の処理という厄介な問題を抱えた原発は地球全体として考えなければならない問題なのである。だとすれば、未曾有《みぞう》の原発事故を経験した日本がチェアマンになって、原発保有国を参集して沖縄《おきなわ》あたりで会議を開き、対策を講じてはどうか。

一方で、地球を汚染の危険から守るために、日本としては可能なかぎり原発を減らす。五十年後の全廃を目指して、現段階では稼働数を一定にとどめ、他の電源の確保に努めながら、毎年の廃止数を決める。そういった行動計画が必要になる。

いったん事故が起これば、その影響力がいかに甚大であるか、日本は今も直面させられている。対策を講じるのに早すぎるということはない。

■生き抜くための「平和と友好の国」

もう一度書く。一九〇〇年に十六億人だった世界の人口が、二〇一五年に七十三億人に増えた。その間に増えたのが五十七億人。さらに二十七億人増えて百億人になるのは二〇六二年ごろ。

時間的な余裕はあまりない。その間に地球全体の食べ物の生産を十億トン以上増やす必要がある。

そのとき、世界はどうなっているか。日本は食べていけるのか。食糧、水、エネルギーの確保に向けて、日本の国のかたちを構想し、いかなる政策を打つべきかを真剣に考えなければいけない。

約二千五百年前、孔子は「治国三要」といって、国を治める要として三つの要素を挙げたと言われている。すなわち「食料」「武器」「信用」である。

「食料」とは食糧や資源の確保。「武器」は外交や安全保障。「信用」は食料、武器以上に大きな要《かなめ》であり、リーダーが国民から信用されること。この三つが果たされて初めて国は栄えると孔子は喝破した。これは現代にも通用する真理である。

その点、食糧について日本ははなはだ心もとない。人口が千二百万～三千四百万人だった江戸時代は自給自足で賄うことができたが、一億二千万人に膨れ上がった現在は食糧の六割以上を輸入に頼らざるを得ない。

日本はつねに「食料」を海外から入手する方法を考え続けなければならない。となると、ますます外交という「武器」が重要になる。

グローバリゼーションが進めば、世界の貧富の差はさらに拡大するだろう。しかし日本人だけが生き延びて、お隣の韓国人や中国人が飢餓で倒れているといった世界はあり得ない。逆もまたしかりだろう。

人口減少が予想される日本だが、食糧の二分の一を海外に頼らざるを得なくなる。他国といざこざを起こすことは、文字通り国民の死活問題に関わる。法人減税や消費増税、集団的自衛権も大事かもしれないが、もっと重要なのは私たちの生命線の確保である。

となると、日本は自由貿易を前提に、「平和と友好の国」として世界のあらゆる国と協調関係を結ぶことは外交上、必須《ひっす》の戦略ということになる。

それは選択の問題ではない。それ以上の問題だ。私たちや私たちの子孫の生死にかかわる問題なのだ。日本はそれを前提にあらゆる選択をしていかなければならない。

■本の時代背景を調べてから読む

グローバリゼーションの時代、あらゆる問題をもはや日本だけで考えることはできない。地球大の視野を持ちながら、二十年先、五十年先の未来を構想する必要がある。その構想力を養うためにはどうすればいいか。

たとえば本を読むに際しても、まず作品が書かれた時代背景を知ることが大事になる。

私たちの思想や考え方、感覚すらも、いま自分が置かれている環境に大きな影響を受ける。時代の空気だけではない。生活の土台となる風土、地域、家族、周囲の人々。その時代に支配的な思想や言葉そのものにも左右される。

身近なところでは、たとえば私たちの仕事に対する姿勢や価値観も、入社した会社の環境に左右され、上司の考え方、やり方に影響を受ける。だからこそ企業にはそれぞれの社風があり、それが知らず知らずのうちに社員のカラーになってくる。

人は自分なりの人間観、世界観を持つ。しかしそれは自らの限られた知見、体験をベースに小さな窓から世間を眺め、「世界とはこんなものだろう」と推測しているに過ぎない。もっと広い視野を持とうと本を読む。それでも限界はある。大切なのは、今ある自分の小さな窓をなるべく大きくする努力と、それでも自分の知識や考えには時代の制約を受けていると絶えず人間の限界を自覚することだろう。

『エセー』を書いたモンテーニュはどういう時代に生きたか。私は本を読む前にまず五百年前のフランスはどうだったのかを調べる。

十六世紀フランスのルネサンス期。カトリックとプロテスタントが互いに剣をとっていた宗教戦争の時代である。それ以前は暗黒の中世で、彼が人間の愚かさをつづった懐疑論の背景がよくわかる。

グーテンベルクが活版印刷技術を発明するのは十五世紀だから、モンテーニュの時代はギリシャ・ローマ時代の文献をもっとも読める環境にもあった。

長編叙事詩『神曲』を書いたイタリアの詩人ダンテ（一二六五～一三二一年）は、十三世紀から十四世紀を生きた。その五百年後の十八世紀後半から十九世紀前半を生きたドイツの詩人ゲーテ（一七四九～一八三二年）が『ファウスト』を書いている。モンテーニュはちょうどその間に位置している。

ドイツの歴史学者オスヴァルト・シュペングラー（一八八〇～一九三六年）は、その主著『西洋の没落』で、人間の理性の限界を訴え、西洋文明は二十一世紀に没落すると論じた。

シュペングラーがこの著作を発表したのは、第一次大戦も終わりの一九一八年だった。

西洋社会ではナポレオン戦争以降の百年間、大きな戦争は起こっておらず、大戦前の平和な社会を理性の勝利だと信じていた。欲望や本能を理性でコントロールできたからこそ平和が続き、西洋文明は絶対のものだと信じるようになっていた。

ところが一九一四年、サラエボでオーストリア＝ハンガリー帝国の皇太子夫妻が射殺された事件をきっかけに、一千万人が戦死した第一次世界大戦が起きた。人々が絶対安泰だと思っていた体制がセルビアの一青年の発砲によってもろくも崩れ去ったのだ。

一九一八年に戦局は悪化の一途をたどり、ついにドイツは敗戦して大戦は終結する。人間の理性の限界を説き、西洋文明は「冬の時代」に入ったとしたシュペングラーの思想には、大戦で荒廃したヨーロッパの状況が色濃く映し出されている。絶対と思った時点で、人々の心に傲慢さが宿る。人間の理性の限界を彼は訴えた。

『西洋の没落』とほぼ同時期に発表されたのが、マックス・ウェーバーの『職業としての政治』である。晩年の一九一九年、ミュンヘンの大学生に向けた講演をまとめたもので、やはりペシミスティックな色調に覆われている。

彼は国家間でも国内でも、配分関係に影響を及ぼそうとする努力が政治の本質であり、その背景には暴力が控えているとした。それゆえに独裁権力が台頭する素地がある。

ドイツはその後、実際にヒトラーが経済政策を掲げ、世界恐慌で疲弊していたドイツ経済を立ち直らせた。その後、独裁政治によってユダヤ人殲滅《せんめつ》という蛮行に及ぶ。

暴力という手段を行使しうる政治家にとって重要な資質として、ウェーバーは「情熱、責任感、判断力」の三つを挙げた。政治家は暴力を伴う結果について責任を持たなければ破壊と混乱を回避することができない。

ウェーバーが問うたのは、実はドイツの命運を担っていた政治家の資質だった。彼らは政治家としての責任を本当に果たしたのか。ウェーバーはその政治家論に、ドイツを敗戦に導いた政治リーダーたちへの厳しい批判意識を込めていた。

■経営にも外交にも時代認識が必要

マルクスの思想も背後に時代状況を抱えている。マルクスは第一次産業革命後、ヨーロッパ大陸にその波が押し寄せた十九世紀初めに青春時代を送っている。つまり資本と労働の対決がもっとも激しい時代のもと、マルクス思想は生み出された。

ケインズの経済学も同様だ。ケインズは世紀末に青春時代を迎え、長じてのちにアメリカで大恐慌が起きたからこそ、ケインズ経済学が生み出された。平和と安定した社会では生まれなかった思想であり経済学である。

あるいは日本でも井原西鶴《いはらさいかく》（一六四二～一六九三年）は、江戸時代でもどういう世の中に生きたのか。飢饉で食べ物もない時代を経験したのか。元禄《げんろく》の豊かな時なのか。

死ぬか生きるかの時代なら『好色一代男』といった好色物を書いているどころではない

だろう。『日本永代蔵』や『世間胸算用』を書いた背景には金銀が乱れ飛ぶ商品・貨幣経済の発達があったのではないか。そんなことを考えて読む。

時代背景を考えるのは経営にも当てはまる。今がどういう時代にあり、これからどう変わるのか。人々によって何が求められているのか。

国の外交もそうだろう。日本と中国の外交を考えるとき、たとえば中国とロシアがけんかをしているときならば、ロシアという「前門の虎」に加えて、日本が「後門の狼」になることを警戒するだろう。それを念頭に置けば、当然、アプローチも変わってくる。

私たちは百年前の外交について、現時点での判断を理由に批判する。しかし、国際情勢における国の外交は、一定のコントロールや規制を受ける。現在では不適切な外交も、百年前という時代状況を考えれば妥当だったかもしれない。その時々の情勢を鑑《かんが》みなければ軽々に判断はできない。

たとえば、占領下のサンフランシスコ平和条約について「あんな片務的な条約をなぜ受け入れたのか」と批判するのは簡単だ。しかし、それは今だから言えるのであって、大戦後の混乱が収まった当時に、国民がほっと一安心し、日本がいかなる対応をしなければいけないかを考える中で決まった。

当時の政治家は吉田茂《よしだしげる》にしても重光葵《しげみつまもる》にしても、ベストな選択をするよう尽くした。今と同じ国際情勢を前提に判断はできない。

■中国の一党独裁はベターチョイス

たとえば日中国交回復を実現させた当時の日本と中国の状況の下で、田中角栄総理の立場に立てば、それはベストの選択だったかもしれない。

一九七二年、田中角栄と周恩来《しゅうおんらい》によって日中共同声明が発表された。田中が首相就任後、三カ月足らずの早業だった。今から思えば、田中が国交正常化を図ったのは英断だったと思う。

というのも、周恩来と毛沢東は声明発表から四年後の一九七六年に死去したからだ。田中は中国共産党の創始者たる二人の存命中に、日本に対する戦争賠償請求権を中国に放棄させようとしていた。この機を逃せば、二巨頭亡き後の日本への賠償請求権の行方はどうなるかわからなかった。

中国との国交を正常化すれば、台湾《たいわん》と断交する可能性は避け難かった。しかし、田中角栄は日本の国益を考えると、台湾と断交してでも国交正常化を実現すべきだと判断して、保守派の猛反対を押し切って日中共同声明にこぎつけたのである。

現在の日中関係で私が繰り返し言っているのは、「習近平《しゅうきんぺい》の立場に立つと、今は中国国民に対して現在のような態度を取るしかない」ということだ。

共産党への国民の信頼が揺らいでいることに対して習近平は内心とても不安だと思う。それは一つには彼が選挙で選ばれていない国の代表だからだ。選挙で選ばれていない一党独裁の党首は、いつクーデターが起きて暗殺されるかもしれないという心境になるものだ。

私がもし習近平ならば、夜もおちおち眠れないだろう。海外に脱出したほうがいいのではないかということさえ考えるだろう。

韓国を見れば、一九八七年まで民主的な選挙がなかったため、大統領はクーデターや暗殺・亡命によって交代を繰り返した。八七年の選挙からそうした政変がないのは、国民の審判を受けて選ばれた大統領ということが背景にある。

その状況下のクーデターは国民に銃を向けることを意味する。それは軍人といえども簡単にはできない。選挙がチェック機能を果たしているのである。

とはいえ、現在の中国にもしクーデターが起きれば世界の経済は大混乱に陥ってしまう。少数民族を含めて五十六に上る異なる民族が、共産党の命令に従わなくなれば国家としての機能が麻痺《まひ》して、食糧、水、電気あらゆる生命線が危機に瀕《ひん》する。

中国の独裁政治をアメリカは批判する。しかし、アメリカの民主主義で育った人間は、自分たちの社会システムがベストだと思っているだけであり、アメリカン・デモクラシーはどの国にも通用するベストチョイスではない。

私が中国大使だったころ、アメリカン・デモクラシーを導入すれば、中国はうまくいくかを考えたことがある。私なりの結論は「一党独裁は中国にとってベターチョイスである」というものだった。

たとえば約三千人いる中国の全国人民代表大会の議員が一人一分の自己紹介をするだけで三千分＝五十時間＝二日がかかる。この事実だけでも、中国でアメリカン・デモクラシーが機能しないのは明らかだろう。

ある中国の高官は次のように話していた。

「中国が国家の諸問題に取り組む際、欧米諸国の経験は多少の参考にはなっても、そのまま中国に当てはめることはできない。中国のように巨大な領土と人口を持つ国の資本主義を人類は未経験だからだ。中国は今、過去に例のない壮大な実験を始めたところだとも言える。修正を繰り返しながらベターな方向を模索するしかない」

極めて真っ当な意見だと思う。十四億人の民、五十六の民族をひとつの国にまとめていくためには、現段階では独裁権が必要なのだろう。となれば、行政長官選挙をめぐる香港《ホンコン》のデモを強制排除したのも致し方ないことになる。

もちろん、それはベストの方法ではない。しかし現在の状況ではベターである。中国の独裁を「仕方がない」と言う人はいないだろう。しかし今の状況を考えれば、それ以外はないと私は思う。私の考えでは、中国が民意を反映する体制になるためにはアメリカのように地方分権を推し進めた連邦国家制になる以外はないと思うが、それはまだ先のことになる。

■資本主義の負の側面

中国大使になってからも司馬遷《しばせん》の『史記』は時々開いて拾い読みしていた。これは紀元前一〇〇年ごろ、前漢の武帝《ぶてい》時代までを記した中国の歴史書である。いわば国を治めた「人間百科の物語」で、人間は今も昔も愚かな政争を繰り広げていることを知ることができる。

要するに中国という国は昔から皇帝と農民という二極で成立しており、それは現在も習近平という「皇帝」と官僚、その他の貧乏人という形で温存されていることがわかる。

前述したように中国は壮大な実験をしている。中国ほど大きな資本主義社会は地球上存在しなかった。急激な経済成長で大金持ちが一～二パーセント出てきただけで、あっという間に一千万人、二千万人になるわけだから途方もない規模である。

このまま行けば、二〇二〇年代半ばごろには、その経済規模はアメリカを抜いて世界一位になるだろう。当然、軍事費もトップになる。だが、それからさらに成長するかどうかは誰にもわからない。

さらに資本主義を発展させれば、資本主義の負の側面が噴出するのではないかと思う。日本ほどの規模の資本主義社会でも政治の世界ではカネがまとわりついている。

アメリカでは数百万人のユダヤ人が金融社会に影響力を持つ金持ちになっている。それと同様の現象が中国でも出てくるだろう。あるいはアメリカにおける黒人やヒスパニック系という人種問題は、中国では五十五の少数民族の問題として噴出するだろう。

■人類が人類を滅ぼす

『史記』が示しているように、人類は同じような過ちを繰り返す。

「歴史を学ばざる者は歴史を繰り返す」と言うが、私に言わせれば「人類は歴史を学んでも歴史を繰り返す」。

では、私たちは歴史を学ばなくてもいいのかといえば、そんなことはない。学んでもやはり歴史を繰り返すという愚かさから逃れられないということを学ぶべきである。

人間は動物から何からすべてを支配したいという欲望を持っているが、人間は人間を支配するものを一切許さない。将来、ロボットが人間を支配するとわかったとき、人間はロボットを破壊するだろう。

しかしそれよりも前に、人間は自らを破壊することになるかもしれない。地球の将来を考えると、傲慢という人間の持つ宿痾《しゅくあ》が人間を滅ぼすことになるのではないか。そうした未来への不安はけっして私だけが抱く感覚ではない。

自分たちの生活、自分たちの身体・生命に具体的な影響を及ぼす不安が、ひたひたと水が押し寄せるように迫っている。これまでは、まだまだそんな時代ではない、対岸の火事のごとく傍観していたが、足元が少しずつ冷たくなり、額に雨しずくがポトリと落ちたようにヒヤリとした瞬間を感じる。

このまま放っておくと、自分たちの生活の基盤が揺らぐことを私たちは皮膚感覚で感じている。それが今、世界で起きていることではないか。

たとえばそれは世界中に広がるテロである。テロも反テロもテロの一種に変わりはない。「反テロは正義だ」という理屈は成り立たない。すべての戦争は互いに反テロと言い合っているテロ行為だ。有志連合による反テロ攻撃にしても、周辺の無辜《むこ》の民をも殺戮《さつりく》するという意味では完全なテロである。

テロだけではない。事故など絶対起こらないといわれた原発が現実に過酷事故を起こし、多くの人々の生活と人生を破壊した。それはもはやテロ同様、他人ごとではなく、いずれ自分たちにも降りかかる可能性のある災難であることを私たちは知っている。

人間の傲慢さが人間を滅ぼすことになるのは、いつかはわからない。私の予測では五十年ほどでそういう時期を迎えるのではないか。なぜなら前述したように、このままでは五十年後には地球が耐えられる人口の百億人を突破するからだ。

人間が集まれば集まるほど社会は揉《も》める。グローバリゼーションはそういう宿命を持っている。グローバリゼーションでどんどん人が都市へ集中し、都市はやがて破裂して制御不可能となる。

人間同士の争いの中で三たび原爆が落とされるのか、あるいは別の戦いになるのかわからないが、やはり人間は戦争の罠に陥るのだろう。最後は人間の本性の戦いになるのではないか。アメリカも中国も日本も、自国を支配する国、支配しようとする国を許さない。国が破滅してでも戦い続けるだろう。

破滅を避けるために私たちはいずれ「グローバル・ヴィレッジ」（地球村）の構想を考えなければならない。さまざまな地球規模の問題を解決に導く新たな世界共同体の形成である。それもまた、どこか遠くの夢物語ではなく、人類にとって切迫した課題となっている。

未曾有の危機に直面して、私たちの理性はどこまで発動するだろうか。理性を涵養《かんよう》する読書の力が人間の性《さが》の血を鎮める時代がいつかはやってくると信じたい。

おわりに――自分の心に忠実に生きよ

最近、ロマン・ロランの長編小説『ジャン・クリストフ』を再び買い求めた。

作曲家としての才能を開花させた主人公ジャンが、音楽界の不正に立ち向かいながら大成してゆく姿を描いたこの作品は、私の青春の一冊である。

最初に読んだのは大学教養学部生のときだった。私はこの書によって「自分の心に忠実に生きる」という、その後の私の生き方の指針を与えられた。

私の駆け出し時代を支えてくれたのが、このジャン・クリストフの精神だった。自分の心に忠実に生きようとして、上司にも先輩にも正義を心に意見を述べた。周りからは横柄で無遠慮と取られて屈しそうになることもあった。

中国大使時代、尖閣問題でいわれのない非難を浴びて孤立無援の状態に陥ったときも、ジャン・クリストフの生き方を思った。

今の社会で自分の心に忠実に生きることは難しい。自分の心を曲げなければ周囲と衝突したり、つまはじきにされたりする。だから人は自己保身、あるいは栄達のために自分の本当の気持ちを曲げてしまう。そして一度曲げると、とめどなく流されて立ち向かう勇気のない人生を送ってしまう。私は自分の志した生き方をまっとうしようと努めてきた。

ところが最近、自分の心が色あせてきたように感じる。あまり感激しない、ボロボロと涙しない、腹の底から笑わない。

自分がいつもワクワクドキドキしているかを問い直す。そういえば最近していないな、と思う。こんなものか、この程度か、これが老化というものかとどこかで思っている。

私だけではない。時代を切り拓《ひら》いていく熱意、情熱が今の日本全体に決定的に欠けているように思える。日本人は深刻なアパシーに陥りつつあるのではないか。

人は歳を取ると、コンサバティブ（保守的）になってくる。丸くなったと言うと聞こえはいいが、要するに身体とともに、いつの間にか心が歳を取るのだ。身体はともかく、精神はいつもみずみずしく、ワクワクドキドキを感じていたい。いつも怒りや喜びを強く感じる精神を持ちたい。

春うららが好みなら日なたぼっこをして、うつらうつらしていればいいが、私の場合、精神的にいつも北風に向かっていなければ生きる意欲が湧いてこない。自分の気持ちを奮い立たせるには、心の栄養不足を補う必要がある。そして私にとっての栄養は読書以外にはない。

その決定的な一冊が私にとっては『ジャン・クリストフ』だった。わが青春の書をもう一回読んでみようと思った。半世紀を超える歳月を経て読んでも、もう一度、あのころと同じような感動、感激を味わえるだろうか。血潮が熱く沸き立つだろうか。

細かなストーリーは忘れてしまった。本そのものもどこかに行ってしまった。昔は分厚い岩波文庫二冊だったが、今は全四冊である。二〇一四～一五年の年末年始、ほとんどどこにも出かけず、読書に集中した。初めての経験だった。

ところが四冊のうち半分あたりで挫折《ざせつ》した。ストーリーの大枠と結末は知っているため、次の展開を楽しむワクワクドキドキ感はなかった。

やはり時代によって、世代によって、心動かされる本は異なる。古典といわれるものも永遠ではない。「青春の一冊」は青春のものだという苦い思いをかみしめた。

しかし、一つだけわかったことがあった。それは私の意志はまったく揺らいでいないという確信だった。

ジャン・クリストフよ、わかった、おれの信念は揺らがない。死ぬまで自分の心に忠実に生きよう。

それを確認できたことは収穫だった。私に残された時間はさほど長くはないだろうが、自分の心の命じるまま次の仕事に取りかかろうと思う。

本文では人間が本来持つ愚かさに繰り返し言及した。しかし、人たる私がその愚かさから自由であるはずがない。本書を執筆中、いつの間にか虚栄心が頭をもたげ、自らをついつい格好よく描いている自分を見つけては落胆し、何度も筆を投げ出したくなった。完成後も汗顔の思いに囚《とら》われている。その心の苦渋を書き残しておく。

だが、それもまた小我である。私の得た知識と経験がわずかなりとも誰かの糧となるならば、未熟な自分をもさらけ出すことは、時代の先を生きた余命短い者の務めでもあるだろう。そう心に決めて本書を世に問う。この一書が完成したのは、ジャーナリストの片岡《かたおか》義博《よしひろ》氏、メディアプレスの岡村啓嗣《おかむらひろつぐ》氏、角川新書編集部の大塩大《おおしおまさる》氏のご支援に励まされたおかげである。心から感謝申し上げたい。

二〇一五年五月

丹羽宇一郎

※本書の著者印税は著者の意向により、中国から日本へ来る私費留学生への奨学金として、「公益社団法人　日本中国友好協会」に寄付されます。

丹羽宇一郎（にわ・ういちろう）
1939年生まれ。伊藤忠商事名誉理事、前中華人民共和国駐箚特命全権大使。
名古屋大学を卒業後、伊藤忠商事に入社。98年に社長に就任すると、99年には約4000億円の不良資産を一括処理しながら翌年度の決算で同社史上最高益（当時）を計上し、世間を瞠目させた。2010年6月に民間出身では初の中国大使に就任。12年退官。著書に『中国の大問題』（PHP新書）などがある。

危機《きき》を突破《とっぱ》する力《ちから》

これからの日本人《にほんじん》のための知恵《ちえ》

丹羽宇一郎《にわういちろう》

2015年 6月10日　初版発行

発行者　郡司 聡
発　行　株式会社KADOKAWA
東京都千代田区富士見2-13-3　〒102-8177
電話　03-3238-8521（カスタマーサポート）
http://www.kadokawa.co.jp/

編集協力　片岡義博　岡村啓嗣（メディアプレス）
装 丁 者　緒方修一（ラーフイン・ワークショップ）
ロゴデザイン　good design company
印 刷 所　暁印刷
製 本 所　BBC

角川新書

ISBN978-4-04-102414-0 C0231